संजीवनी

संजीवनी

(दर्शन दोहावली)

मानव जीवन का करे जो अनुपम शृंगार।
संजीवनी पवित्र यह मानव जीवन सार॥

रवीन्द्र शुक्ल 'रवि'

विद्या विहार, नई दिल्ली

प्रकाशक : विद्या विहार,
19, संत विहार (पहली मंजिल) गली नं. 2, अंसारी रोड, नई दिल्ली–110002

/ संस्करण : 2025 / मूल्य : दो सौ पचास रुपए
मुद्रक : आर–टेक ऑफसेट प्रिंटर्स, दिल्ली ISBN 978-93-86871-93-0

SANJEEVANI *poems* by Dr. Ravindra Shukla 'Ravi' ₹ 250.00
Published by **VIDYA VIHAR**
19, Sant Vihar (First Floor), Street No.2, Ansari Road, New Delhi-2

अभिकथन

वस्तुतः काव्य और प्रज्ञता प्रभु का प्रसाद है, जो परमपिता परमात्मा की असीम अनुकंपा से ही मिलता है। साधना से ज्ञान तो प्राप्त किया जा सकता है, किंतु भाव-भावना की पावन उर्वरा भूमि प्राप्त होना परमपिता परमात्मा की कृपा के बिना असंभव है। काव्य की निष्पत्ति तो 'रस' में है और 'रस' की खेती भाव-भावना की उर्वरा भूमि पर ही लहलहाती है। उसके बिना संभव नहीं। इसीलिए मनीषियों की यह मान्यता है कि कविता लिखी नहीं जाती; लिख जाती हें। तात्पर्य एक है कि भाव-भावना की उर्वरा भूमि पर प्रभु प्रसाद के रूप में कविता का अवतरण होता है। भारतीय शास्त्रों की यह मान्यता है कि कवि बनता नहीं अवतरित होता है, जो धरती पर प्रभु का साक्षात् प्रतिनिधिस्वरूप है। प्रभु बोलता नहीं, वह सृष्टि में ऐसे उपादान पैदा करता है, जो उसकी पावन अभिलाषा को जन-जन में संप्रेषित करें, मार्गदर्शन करें। उन्हीं उपादानों में एक प्रमुख उपादान है 'कवि'। जो प्रभु द्वारा प्रदत्त प्रसाद को प्राणिमात्र तक पहुँचाता है। कवि के इस उपक्रम में उसकी साधना की भूमिका भी प्रभावी होती है, परंतु कविता तो परम पिता परमात्मा के प्रसाद का ही परिणाम होती है। इस सत्य का गहराई से अनुभव मैंने अपने महाकाव्य 'श्री शत्रुघ्न चरित' के अवतरण काल में किया है। प्रस्तुत 'संजीवनी' ग्रंथ के अवतरण ने इस अनुभूति को गुणांक में बढ़ा दिया है।

संप्रति प्रस्तुत 'संजीवनी' ग्रंथ श्री सर्व शक्तिमान पारलौकिक सत्ता के पावन प्रसाद का ही परिणाम है। परमोच्च सत्ता के अदृश्य मार्गदर्शन को मैंने

पूरे ग्रंथ के प्रणयन काल में अनुभूत किया है, उसी अनुभूति और मार्गदर्शन का अवतरण दोहों के रूप में इस ग्रंथ में हुआ है।

मानव जीवन सफलता के साथ-साथ सार्थकता कैसे प्राप्त करे, इसके मूल मंत्र, प्रस्तुत 'संजीवनी' ग्रंथ में, भारतीय दर्शन की आत्मा के अनुसार अवतरित हुए हैं। निश्चित रूप से इन मंत्रों में भारतीय ऋषियों की आत्मा एवं तपबल समाहित है, जो रोगी मानव जीवन में संजीवनी बूटी का काम करेंगे और उसे नया जीवन देंगे। मानव जीवन को अंधकार से प्रकाश की ओर और असत्य से सत्य की ओर अग्रसर करने के मूल लक्ष्य के लिए यह ग्रंथ प्रकाश स्तंभ का काम करेगा। जिसमें भारतीयों ऋषियों और मनीषियों के विचार रूपी घृत और तपबल रूपी बाती का संयोजन है।

चौरासी लाख योनियों में सर्वश्रेष्ठ योनि मनुष्य की मानी गई है, क्योंकि इस योनि को परमात्मा ने ऊर्ध्वारोहण की असीम शक्ति दी है। मनुष्य नर से नारायण बन सकता है; कैसे होगा यह उसी मार्ग या आदर्शों का प्रतिपादन प्रस्तुत ग्रंथ 'संजीवनी' में हुआ है। लोक कल्याण की भाव भूमि पर पैदा हुआ यह ग्रंथ 'संजीवनी' अपने अभीष्ट को प्राप्त करे, इसके लिए मैं परमात्मा के साथ आप सभी वंदनीय मनीषियों से भी आशीर्वाद का कामना करता हूँ।

भवनिष्ठ

डॉ. रवीन्द्र शुक्ल
डी.लिट्, एम.ए., एल.एल.बी.
(पूर्व शिक्षा मंत्री, उत्तर प्रदेश)
'संकल्प' सिविल लाइंस, झाँसी-284001
मो. : 9415030895, 7905630609

अनुशीलन

लीलाभूमिरियं विभोः भगवतो यद्दृश्यरूपं जगद्,
यस्मिन्नाप्तसुधीभिरार्षभुवने विज्ञाननीतिप्रियैः।
सिद्धान्तः नियमास्तथा च कृतयो निर्धारिताश्श्रेयसे,
श्रेष्ठान्तान्कवितायतिःमुनिनिभःप्रस्तौतिभूयः'कविः'॥

अध्यात्म-विज्ञान के पुरोधा क्रांतप्रज्ञ बुद्धियोगी मनीषियों ने प्रकृति के सात्त्विक परिवेश में दिव्य दृष्टि-जन्य सदुपदेशों से विश्ववाङ्मय को अनुप्राणित किया है। मेधावी महर्षियों ने ज्ञान-विज्ञान का अनुसंधान कर मानव-जीवन के लिए उपकारक आदर्श नियमों का प्रवर्तन किया है। तपस्वी मनीषियों द्वारा निर्धारित नियमों का आश्रयण कर मानव अपना सर्वतोमुखी विकास कर सकता है।

वैदिक ऋषियों की दिव्य-दृष्टि से आविर्भूत तत्त्व-चिंतन की परंपरा दार्शनिक सूत्रों, स्मृति, पुराण तथा आर्ष महाकाव्यों में पल्लवित होकर लौकिक संस्कृत महाकाव्यों, 'रामचरितमानस' एवं हिंदी महाकाव्यों में प्रतिष्ठित है। महर्षि वाल्मीकि प्रणीत 'रामायण' एवं पाराशरि व्यास रचित 'महाभारत' में जीवन की विविध विसंगतियों तथा समाज में व्याप्त विकृतियों तथा दुर्बलताओं के मार्मिक चित्रण के माध्यम से मानवीय कर्तव्य-बोध का विवेचन किया गया है।

वैदिक सिद्धांतों की विवेचक कालजयी स्मृतियाँ, श्रौतसूत्र, धर्मसूत्र,

गृह्यसूत्र प्रभृति भारतीय ग्रंथ मानवीय समाज को परिष्कृत एवं परिमार्जित करने का श्रेय प्राप्त करते हैं। समाज विज्ञानी मनीषियों ने सृष्टि के रहस्य को समझकर मानवीय परिवेश को संस्कारों के द्वारा परिष्कृत करने का प्रयास किया है। महर्षि कणाद ने अपने दार्शनिक सूत्र 'यतोऽभ्युदयनि:श्रेयससिद्धि स: धर्म:' द्वारा धर्म को ही आध्यात्मिक तथा भौतिक प्रगति का श्रेष्ठ साधन स्वीकार किया है।

धार्मिक एवं सांस्कृतिक प्रवृत्ति तथा नैतिक क्रियाकलापों के कारण ही मानव अन्य प्राणियों से श्रेष्ठ है। पारमार्थिक चिंतन तथा आत्यंतिक सुखात्मक अनुभूति में काम-क्रोधादिक विकृतियाँ बाधक हैं। इन विकृतियों को शांत करने के लिए ही मेधावी मनीषियों ने आदर्श संस्कृति का प्रतिपादन किया है, जिनका आश्रयण कर मानव यशोमय जीवन व्यतीत कर सकता है।

तप:पूत महर्षियों ने 'सर्वे भवन्तु सुखिन:' अर्थात् संसार के सभी प्राणी सुखात्मक जीवन व्यतीत करें—का सर्व सुखात्मक सिद्धांत प्रवर्तित किया है। समाज को सुव्यवस्थित करने के लिए व्यक्ति की शारीरिक एवं मानसिक क्षमता के आधार पर नियोजित कर बृहत् सामाजिक परिवार हेतु चिंतकों ने भारतीय संस्कृति के अंतर्गत वर्णाश्रम व्यवस्था, संस्कार एवं पुरुषार्थ चतुष्टय को सर्वमान्य बनाया है। धर्म, अर्थ, काम, मोक्ष नामक चार पुरुषार्थ, त्रिविध संयम (आचार संयम, विचार संयम, आहार संयम) मानवीय जीवन की सार्थकता के सोपान हैं।

नवीनतम तकनीकी प्रगति के माध्यम से भौतिक विज्ञानियों ने 'विश्वग्राम' की संकल्पना को तो साकार किया, किन्तु विश्व-बंधुत्व को स्थापित करने में सफलता नहीं मिली। भारतीय मनीषियों ने कालचक्र के प्रभाव को समझकर सार्वकालिक, सार्वभौमिक तथा सार्वजनीन सिद्धांतों-नियमों को स्वीकार किया है। योगक्षेम विषयक सनातन सिद्धांत वैदिक ऋषियों से प्रारंभ होकर अद्यावधि विश्लेषण एवं चिंतन का विषय बने हैं। मूलरूप से देववाणी संस्कृत में प्रतिष्ठित शाश्वत सिद्धांतों की समीक्षा बुद्धिजीवी मनीषियों ने अपनी-अपनी रचनाओं में की है। राजनीति एवं शिक्षा के क्षेत्र में लब्धप्रतिष्ठ, 'विद्यावाचस्पति' उपाधि से

विभूषित विद्वद्वरेण्य पंडित श्री रवीन्द्र शुक्ल 'रवि' जी 'शत्रुघ्नचरित' महाकाव्य की रचना से काव्य विज्ञानियों के मध्य साहित्य-साधक के रूप में सम्मानित हैं। कई दशक की साहित्य-साधना एवं सामाजिक परिस्थिति का मूल्यांकन कर मानव-जीवन को परिष्कृत एवं संस्कारित करने वाले नैतिकमूल्यों को यशस्वी कवि ने हिंदी काव्य के प्रसिद्ध छंद 'दोहा' के माध्यम से 'संजीवनी' नाम से प्रकाशित करने का स्तुत्य प्रयास किया है।

साहित्यिक एवं सामाजिक मनस्वियों के मध्य 'रवि' उपनाम से विख्यात डॉ. रवीन्द्र शुक्लजी ने प्रस्तुत कृति 'संजीवनी' में सर्वप्रथम सनातन धर्म की विस्तृत विवेचना की है। धर्म शब्द की व्युत्पत्ति, परिभाषा एवं स्वरूप का व्यापक वर्णन करते हुए कवि ने धर्म को ही मानव की प्रतिष्ठा का आधार बताया है। कवि की मान्यता है कि धर्माचरण से ही मानव अपने परम लक्ष्य 'मोक्ष' को प्राप्त कर सकता है—

धर्मशील मानव सदा प्रभु का होय अनन्य।
मोक्ष सहज मिलता उसे कहते उसको धन्य॥
पालन करता धर्म जो निश्चित शुभ गति पाय।
किंतु विरत जो धर्म से जीवन व्यर्थ नसाय॥

'संजीवनी' के नीति प्रसंग में कवि ने नायक के गुणों का भी निरूपण किया है। डॉ. रवीन्द्र शुक्लजी ने राजनीति में वर्चस्व प्राप्त कर साहित्यिक क्षेत्र में भी अपना गौरव बढ़ाया है। इसीलिए शुक्लजी की दृष्टि में आधुनिक नेताओं को गुणानुरागी तथा शास्त्र-ज्ञानी होना चाहिए।

गुणानुरागी शास्त्रविद् त्यागी बंधु सहाय।
पराक्रमी जीवन जिये नायक वही कहाय॥

ज्ञान तथा परिश्रम व्यक्तित्व विकास के आत्मगत साधन हैं। प्रगति के लिए आलस्य, आसक्ति तथा जन्मभूमि के प्रति विशेष रुचि बाधक बन सकते हैं। कवि का कथन है—

बाधक निजी विकास में आलस रमणी शक्ति।
अल्पतोष अरु भीरुता जन्मभूमि आसक्ति॥

संस्कृत वाङ्मय में यद्यपि 'जननी जन्मभूमिश्च स्वर्गादपि गरीयसी' सूक्ति प्रचलित है। किंतु व्यक्तित्व विकास तथा सार्वजनिक कल्याण के लिए जन्मभूमि से दूर भी जाया जा सकता है। कवि 'अथर्ववेद के पृथिवी सूक्त से प्रभावित है तथा 'माताभूमिः पुत्रोऽहं पृथिव्याः' (अर्थात् पृथिवी मेरी माँ है तथा मैं पुत्र हूँ) की पवित्र भावना को स्वीकार करता है। श्री शुक्लजी का विश्वास है कि ऋषियों द्वारा प्रवर्तित आदर्श परंपरा का आश्रयण कर व्यक्ति अपने व्यक्तित्व का विकास कर सकता है। 'संजीवनी' में ब्रह्ममुहूर्त में जागरण, भ्रमण तथा व्यायाम को स्वस्थ रहने का साधन बताया गया है।

प्रातकाल जल्दी उठे, चले करे व्यायाम।
रहे निरोगी वह सदा होवे पूरन काम॥

अपने राजनीतिक जीवन में उत्तर प्रदेश विधानसभा सदस्य तथा बेसिक शिक्षा मंत्री पद पर रहकर आपने अपनी राष्ट्रभक्ति द्वारा भारतवर्ष को गौरवान्वित किया है। लोकतंत्रीय प्रशासन में अनुशासित जीवन व्यतीत करते हुए भी शुक्लजी ने लोकतंत्र को एक 'दोहा' में परिभाषित किया है—

लोक प्रकाशन लोकहित, जन-जन का यह तंत्र।
शासक शासित भी नहीं, इसीलिए जनतंत्र॥

आधुनिक राजनीति के कुत्सित परिवेश की समीक्षा करते हुए 'संजीवनी' में वर्णन है कि संप्रति सात्त्विक, सदाचारी तथा नीरक्षीर विवेकी व्यक्ति राजनीति से दूर कर दिए गए हैं—

मानसरोवर से हुए, ज्यों निर्वासित हंस।
राजनीति में छा गए कौओं के अब वंश॥

इसी प्रसंग में पारिवारिक व्यवस्था एवं सौहार्द की चर्चा भी शुक्लजी ने की है—

पुत्र परख होती तभी, जब विवाह हो जाय।
होती पत्नी की परख पति निर्धनता पाय॥

'संजीवनी' के माध्यम से कवि ने अपनी अंतर्भावना को अभिव्यक्त करते हुए लिखा है कि सामान्य मानव के लिए काव्य सृजन करने वाले कवि ही

समाज में प्रतिष्ठा प्राप्त करते हैं।

सरस काव्य का सृजन कर जन-जन में पहुँचाय।
जरा-मरण से निडर हो यश-गरिमा कवि पाय॥

नीति प्रसंग में कवि ने 'श्रीमद्भगवद्गीता' में प्रतिपादित कर्मयोग, ज्ञानयोग, भक्तियोग को 'संजीवनी' में महत्त्वपूर्ण स्थान दिया है। विषम-प्रतिकूल परिस्थिति में गीता के सार्वकालिक एवं सदा प्रासंगिक सिद्धांत ही मानव-जीवन को धैर्य प्रदान करते हैं।

गीता जीवन मंत्र है, मानव का आदर्श।
करे नष्ट अवसाद को, अतुलित विमल विमर्श॥

भगवान् श्रीकृष्ण ने तात्कालिक परिस्थिति में तो केवल अपने परम प्रिय मित्र अर्जुन को ही काव्य-पथ का उपदेश दिया था, किंतु सृष्टि में अवसाद-ग्रस्त सभी प्राणियों के लिए वह उपदेश आज भी स्फूर्ति प्रदान करता है।

मानव अपने जीवन में इच्छा तथा तृष्णा के वशीभूत होकर सात्त्विक जीवन को दूषित करने वाले दुष्कर्मों में फँस जाता है, किंतु तृष्णा कभी पूरी नहीं होती। इसके व्यामोह में फँसकर व्यक्ति अमर्यादित हो जाता है। कवि का विश्वास है कि तृष्णा से मुक्त होकर ही मानव अपना पथ प्रशस्त कर सकता है।

तृष्णा ऐसी प्यास है, नर ज्यों पीता जाय।
त्यों-त्यों बढ़े गुणांक में, लाज-शरम बिसराय॥

'संजीवनी' के निंदा प्रसंग में कवि का कहना है कि निंदालु स्वभाव वाला व्यक्ति परम पवित्र तपस्वियों में भी दोष खोज लेता है। ऐसी प्रकृति वाले मनुष्य को श्री शुक्लजी ने मनोरोगी माना है—

महागुणी में यत्न से दोष लेत जो ढूँढ़।
मनोरोग से ग्रसित वह जग कहता है मूढ़॥

कवि समाज का सजग प्रहरी होता है। वह विवेक-दृष्टि से परिस्थिति की समीक्षा करता है। कलियुग में दुराचारियों का दीर्घायुष्य होना तथा सज्जनों का अल्पायु होना, कवि के हृदय को क्षुब्ध करता है। परमात्मा की इस विसंगति

को कवि ने दोहों में इस प्रकार व्यक्त किया है—

पापी-पामर यहाँ पर होते हैं दीर्घायु।
सज्जन मानव इस समय देखे हैं अल्पायु॥

संत दुखी दुर्जन सुखी, स्वजन वैर पर प्रीति।
कलियुग का कौतुक यही, उलटी जग की रीति॥

'अष्टादशपुराण' एवं विशालकाय 'महाभारत' आर्षकाव्य के रचयिता महर्षि पाराशरि व्यास की रचनाओं के समालोचकों ने एक पद्य में मानवीय-मर्म समाज के समक्ष प्रस्तुत किया है—

अष्टादशपुराणेषु व्यासस्य वचनद्धयम्।
परोपकारः पुण्याय पापाय परपीडनम्॥

महर्षि व्यास के रहस्य को जन-जन तक पहुँचाने के लिए कवि अनवरत प्रयत्नशील है। 'संजीवनी' में डॉ. शुक्लजी ने ऋषियों की वाणी को इस प्रकार प्रस्तुत किया है—

सद्ग्रंथों का मर्म यह, सुनिए प्रज्ञ सुजान।
पर पीड़ा है पाप अति, परहित पुण्य महान्॥

सभी प्राणियों पर सदा करता जो उपकार।
निश्चित उस नरश्रेष्ठ को मिलती कीर्ति अपार॥

'संजीवनी' में कवि ने प्राकृतिक पदार्थों के परोपकार-वृत्ति की भी भूरि-भूरि प्रशंसा की है।

जन-जन के हित के लिए वृक्ष छाँव-फल देत।
गाय दूध देती हमें कुआँ-नदी जल देत॥

वृक्ष धन्य हैं जगत् में, पर उपकार स्वभाव।
राग-द्वेष बिन दान दें, परहित भाव-विभाव॥

डॉ. रवीन्द्र शुक्ल आदर्श संयुक्त पारिवारिक व्यवस्था के समर्थक हैं, इसीलिए माता-पिता को कवि ने अपनी रचना 'संजीवनी' में तीर्थ-तुल्य माना

है। माता-पिता की उदारता एवं त्याग अनुपम है। परिवार में जो पुत्र अपने माता-पिता की सेवा करता है, उसे समाज में प्रतिष्ठा प्राप्त होती है तथा उनके आशीर्वाद से संतति का परम कल्याण हो जाता है।

मातु-पिता आशीष से होता 'रवि' उद्धार।
इनकी सेवा से मिले सहज मोक्ष का द्वार॥
माँ ममता की पालना, डोर पालना तात।
इनके ही कारण मिली, जीवन की सौगात॥

'संजीवनी' में 'उद्यमेन हि सिद्ध्यन्ति कार्याणि न मनोरथैः' नीति पद्य का कवि महोदय ने अतिशय प्रभावपूर्ण निरूपण किया है। मानसिक योजना मात्र से भौतिक प्रगति संभव नहीं है। वास्तविक प्रगति के लिए व्यक्ति को कर्मयोगी होना चाहिए।

उद्यम से ही जगत् में मिली सभी को सिद्धि।
मात्र मनोरथ से कभी मिलती नहीं प्रसिद्धि॥

करना हमको कर्म जो पहले करो विचार।
फिर संकल्पित हो करो अपने को तैयार॥

जीवन भर चलता मनुज क्रिया-कर्म का चक्र।
पराक्रमी से नहि कभी भाग्यदृष्टि हो वक्र॥

कवि का विश्वास है कि सार्थक दिशा में किया गया पराक्रम तथा परिश्रम मानव को अवश्य सफलता प्रदान करता है। भारतीय दर्शन में आत्मा की नित्यता तथा पुनर्जन्म की मान्यता है। वर्तमान में किया गया कर्म ही अग्रिम जन्म का प्रारब्ध बनता है। मनीषियों की दृष्टि में मानवयोनि में जन्म पूर्वजन्म के सुकृत् का ही परिणाम है। अतः वर्तमान में शास्त्रविहित सत्कर्म में तत्पर रहना चाहिए। सामान्य मानव को अतीत एवं अनागत का बोध नहीं होता, किंतु क्रियमाण कर्म के माध्यम से भविष्य को समुज्ज्वल बनाया जा सकता है। इसीलिए कवि ने वर्तमान-जन्म की सार्थकता के लिए सत्कर्म का परामर्श दिया है। इससे वर्तमान में सुखानुभूति के साथ-साथ भविष्य का

अच्छा आधार भी बन जाता है।

वर्तमान में जो जिए भूत-भविष्य भुलाय।
सुख उसके आँगन सदा स्वयं दौड़कर आय॥

अपने सात्त्विक जीवन में कवि ने दुष्ट प्रवृत्ति के व्यक्तियों का भी आकलन किया है। कलुषित मानव के प्रति किया गया उपकार कृतघ्नता में ही परिणमित होता है। दुष्ट प्राणी कभी भी सज्जनता का कार्य नहीं कर सकता, वह उपकारी को क्षति ही पहुँचाता है।

दुष्ट प्रकृति का व्यक्ति तो काले नाग समान।
नित्य पिलाओ दूध तुम पर हरता वह प्रान॥

अहित करे कारण बिना दुर्जन की पहचान।
चूहा काटे वस्त्र ज्यों बिना भूख के जान॥

व्यक्तित्व विकास के लिए कर्मयोग का आश्रयण आवश्यक है। 'योगः कर्मसु कौशलम्' अर्थात् कार्य करने में निपुणता एवं क्षमता का विकास ही योग है, को कवि ने अपनी रचना में महत्त्वपूर्ण स्थान दिया। कवि का कहना है कि यदि व्यक्ति परिश्रमपूर्वक अपनी दैहिक एवं बौद्धिक क्षमता का उपयोग करे तो अनुकूल परिणाम मिलता है तथा जीवन के संकट भी समाप्त हो जाते हैं।

विजयी कौशल-श्रम सदा होता है हरकाल।
मानव श्रम से काट दे संकट के सब जाल॥

कवि की दृष्टि में स्त्री-पुरुष की समष्टि ही परिवार है। परिवार में नारी अनेक दायित्वों का निर्वाह करती है। पुत्री, पत्नी एवं माँ इत्यादि भूमिकाओं का कुशलतापूर्वक निर्वाह करती हुई वह परिवार की प्रतिष्ठा भी है। पिता एवं पति दोनों की संकट में सहयोगिनी है। शारीरिक दृष्टि से 'अबला' समझी जानेवाली नारी शक्ति-स्परूपा है।

रूप शील सौभाग्य दृढ़ संस्कारों की खान।
नारी की ये शक्तियाँ परम प्रतिष्ठित जान॥

पाश्चात्य जगत् में नारी को भोग्या माना गया है, किंतु भारतीय परिवेश में वह गृहिणी एवं पूज्या है।

संप्रति 'पद्मावती' पर चल रहे विवाद पर भी कवि सचेष्ट हैं। महारानी पद्मावती की कुलीनता एवं साहसिक कार्य को भी शुक्लजी ने अपनी लेखिनी का विषय बनाया है।

संकट में भी करे निज रक्षा नारि कुलीन।
मौत चुने पर हो नहीं दूषित और मलीन॥

श्री शुक्लजी संस्कृत वाङ्मय के जिज्ञासु अध्येता हैं। महाकवि कालिदास विरचित विश्वप्रसिद्ध नाटक 'अभिज्ञानशाकुन्तलम्' के चतुर्थ अंक में महर्षि कण्व द्वारा अपनी पुत्री को दिए गए पारिवारिक उपदेश को 'संजीवनी' में समाहित किया है।

पुष्ट करे परिवार को, पति को भी संतुष्ट।
मिले धर्मफल नारि को, कुल में होय विशिष्ट॥

परिवार में सुखद परिवेश नारी सापेक्ष है। कवि का कथन है कि पुण्यवान् पुरुष को वही सौभाग्य से ये तीन—मित्र, पत्नी एवं पुत्र प्राप्त होते हैं।

पुयण्वान् नर को मिले ये सत्कर्मी तीन।
मित्र, नारि, सुत व्यक्ति को सुख दें कर्म प्रवीन॥

मृदुवाणी प्रिय आचरण मातु-पिता उपदेश।
पालन करता पुत्र जो वहाँ पुण्य परिवेश॥

मृदु-स्वभाव आचरण शुचि, त्यागपूर्ण व्यवहार।
साथ करें भोजन सभी, सुखी वही परिवार॥

'श्रद्धावान् लभते ज्ञानम्' अर्थात् श्रद्धालु व्यक्ति ही वास्तविक ज्ञान प्राप्त कर सकता है। ज्ञान प्राप्ति में तर्क-वितर्क बाधा पहुँचाते हैं। भारतीय मनीषियों ने अनुभव-जन्य तत्त्वों को शाब्दिक रूप दिया है। इसीलिए शाब्दिक ज्ञान की अपेक्षा अनुभव-जन्य ज्ञान अति प्रशंसनीय होता है। प्रस्तुत विषय को कवि ने अपने दोहे के माध्यम से प्रस्तुत किया है—

परम ज्ञान के मार्ग में बाधक बनता तर्क।
संयम श्रद्धा से मिले प्रज्ञा औषधि अर्क॥

कर्म-शक्ति के ज्ञान से होता अतुल विकास।
ज्ञान-कर्म के योग से जीवन भरे प्रकाश॥

दिव्य-दृष्टि दे मनुज को द्रष्टा बने मनुष्य।
ज्ञान मिलाए ब्रह्म से दिखे सूक्ष्मता दृश्य॥

व्यक्तित्व निर्माण में परिवेश एवं संगति का सर्वाधिक योगदान होता है। सज्जनों की समाज में प्रशंसा होती है तथा दुर्जनों की निंदा। यदि व्यक्ति सज्जनों-साधुओं के आश्रय में रहता है तो उसका विकास सात्त्विक प्रकृति का होता है तथा दुर्जनों का सान्निध्य प्राप्त कर वह दुष्ट एवं तामसिक स्वभाव का हो जाता है। कवि ने 'संजीवनी' में सत्संगति के महत्त्व को जन-सामान्य के समक्ष प्रभावपूर्ण शब्दों में अभिव्यक्त किया है—

महिमा शुचि सत्संग की गाते कवि मुनि वृंद।
दिव्य-शक्ति तम हरण की ज्यों प्रकाश रवि चंद॥

सत्संगति सुरसरि सदृश पापनाशनी शक्ति।
ज्यों इच्छित फल देत है कामधेनु की भक्ति॥

धूर्त पुत्र, नारी, सचिव किसी नृपति के संग।
राज्य नष्ट हो नृपति का, शांति प्रजा की भंग॥

सत्संगति की श्रेष्ठता के साथ ही वास्तविक मित्र की परिभाषा भी विद्वान् कवि ने प्रस्तुत की है—

प्रामाणिक, औदार्य-प्रिय सुख-दुःख रहे समान।
सत्य-दक्ष, प्रेमी, गुणी मित्र उसी को जान॥

संप्रति समाज में अपने नाम के बाद 'आर्य' उपाधि जोड़ने की प्रवृत्ति को कवि ने समझा तथा विद्वज्जन के समक्ष 'आर्य' शब्द के यथार्थ को

'संजीवनी' में स्थान दिया है। कवि की दृष्टि में धर्म-वृत्ति का आचरण करने वाले मानव ही आर्य हैं। आर्य स्वयं भी श्रेष्ठ आचरण करता है तथा दूसरे को अच्छे आचरण के लिए प्रेरित करता है। आर्य कटुभाषी नहीं होता, वह सर्वदा सत्य बोलता है। दुष्कर्म करने वाले आर्य नहीं हो सकते। आर्य अहिंसक तथा परोपकारी होता है। श्री शुक्लजी ने आर्य को इस प्रकार परिभाषित किया है—

धन-विद्या से आर्य नहिं सदाचार से आर्य।
कदाचार में लिप्त जो, कहते उसे अनार्य॥

पारिवारिक एवं सामाजिक संगठन की शक्ति को कवि ने चींटी के माध्यम से समझाया है—

मिलकर अनगिन चींटियाँ देतीं विषधर मार।
बिखरे हुए समाज की निश्चित होती हार॥

कवि अपनी वैदुष्य-दृष्टि से समाज में रहने वाले प्रत्येक प्राणी की कार्य-पद्धति का अवलोकन एवं मूल्यांकन करता है। संसार की व्यावहारिक विचित्रता पर भी श्री शुक्लजी ने अपनी लेखनी को सार्थक किया है—

चोर चंद्रमा की करे, व्यभिचारी सुचरित्र।
कुलटा साध्वी की करे, निंदा सत्य विचित्र॥

निंदा-स्वभाव वाले व्यक्ति अतिदुष्ट होते हैं। जैसे अधम व्यक्तियों की तुलना कवि ने कुत्ते की पूँछ से की है—

रहे माह छै नली में कूकुर पूँछ प्रमान।
सीधी होती है नहीं कहते चतुर सुजान॥

समाज विविध भावनाओं का समीक्षक होता है। इसमें अनुकूलता-प्रतिकूलता, उचित-अनुचित, राग-द्वेष, सुख-दुःख प्रभृति प्रवृत्तियों का वर्चस्व रहता है। इसी समाज में अतिकृपण भी हैं तथा दानी-त्यागी भी हैं। दान प्रवृत्ति में श्रद्धा तथा धर्म की भावना आवश्यक है। सम्मानपूर्वक दान देने वाले प्राणी की 'संजीवनी' में प्रशंसा की गई है।

वरदाता वह जगत् में मान सहित दे दान।
विज्ञापन भी ना करे चाहे ना परिदान॥

धन के दान की अपेक्षा विद्यादान को कवि श्रेष्ठतम मानता है, क्योंकि ज्ञान का दान करने से व्यक्ति का ज्ञान भी वृद्धि को प्राप्त करता है। कवि ने संस्कृत वाङ्मय तथा नीतिग्रंथों का अध्ययन किया है। संस्कृत के विख्यात श्लोक—

'अपूर्वः कोऽपि कोशोऽयं विद्यते तव भारति।
व्ययतो वृद्धिमायाति क्षयमायाति सञ्चयात्॥'

इसके तात्पर्य को आत्मसात् करते हुए डॉ. शुक्ल ने विद्यादान को सर्वोत्कृष्ट दान माना है।

समाज में अपने सामर्थ्यानुसार परिश्रम एवं पराक्रम करने वाला व्यक्ति अभीष्ट सफलता तथा समाज में प्रतिष्ठा एवं सम्मान प्राप्त करता है। इसीलिए कवि ने अवसाद-ग्रस्त आधुनिक युवकों को प्रसिद्धि का मंत्र दिया है—

करो पराक्रम रात-दिन यदि चाहो सम्मान।
पृथिवी पर होता नहीं कर्महीन का मान॥

अपनी कर्मनिष्ठा तथा गुणों के आधार पर मानव सात्त्विक तपश्चर्या से अतिमानव बन सकता है। विशिष्ट गुण ही व्यक्ति को भगवान् बना देते हैं। कवि ने 'संजीवनी' में सरल शब्दों में भगवान् की परिभाषा प्रस्तुत की है—

शौर्य ज्ञान वैराग्य श्री यश ऐश्वर्य निधान।
इन्हीं गुणों का रूप भग, भग से ही भगवान्॥

हमारे जीवन में दया, त्याग, तप तथा सत्य प्रभृति गुणों का अतिशय महत्त्व है। कवि का विश्वास है कि सत्याचरण से दैवीय शक्ति का प्रादुर्भाव होता है—

रवि कहता विश्वास से उठो करो अभियान।
देवशक्ति के जागरण से हो नवल विहान॥

सद्गुणों की शक्ति एवं प्रभाव का विस्तृत विवेचन करते हुए श्री शुक्लजी अपनी रचना 'संजीवनी' को परिभाषित किया है।

आश्रय दे विश्वास को करे विपति का नाश।
सत्य अमित संजीवनी जीवन भरे प्रकाश॥

मानव जीवन का करे जो अनुपम शृंगार।
संजीवनी पवित्र यह मानव-जीवन सार॥

कवि का अटूट विश्वास है कि श्रद्धा एवं विश्वास रूपी नेत्रों से परमतत्त्व की प्रतीति हो सकती है, यही मानव-जीवन का परम लक्ष्य है।

कर्तृत्वाभिमान एवं दंभ अध्यात्म-मार्ग में बाधक है, इसीलिए 'श्रीमद्भगवद्गीता' में प्रतिपादित समर्पण सिद्धांत को कवि ने स्वीकार किया है—

जो कुछ मेरे पास है सब तेरा भगवान्।
तुझको अर्पण क्या करूँ अर्पित निज अभिमान॥

हाथ जोड़ विनती करूँ हर लो प्रभु अभिमान।
निर्मल मन शुचि भाव से ही होगा कल्यान॥

पवित्र तात्त्विक विचारों से परिपूर्ण एवं मनीषियों द्वारा प्रवर्तित धर्म-भावना से संपन्न 'संजीवनी' नामक अपनी रचना को राष्ट्र में श्रेष्ठ विचारक डॉ. रवीन्द्र शुक्ल सहृदय विद्वज्जन के समक्ष (जनकल्याण हेतु) प्रस्तुत कर रहे हैं।

'संजीवनी' के माध्यम से डॉ. रवीन्द्र शुक्ल 'रवि' जी ने आदर्श सिद्धांतों को सर्वग्राह्य एवं सर्वप्रिय बनाया है। निश्चित रूप से यह प्रयास साहित्य जगत् में कीर्ति-स्तंभ के रूप में सर्वमान्य होगा।

सञ्जीवनीमिह कृतिं मुनिधर्मसिद्धाम्,
लोकोपकारशुचितत्त्व विचारपूर्णाम्।
शुक्लो रवीन्द्र इति नाम मनीषिवर्यः,
राष्ट्रे तनोति सुहृदां विदुषां समक्षम्॥

शुभं भूयात्!

—डॉ. बी.बी. त्रिपाठी
प्राचार्य
राजकीय महिला महाविद्यालय, झाँसी (उ.प्र.)

भूमिका

श्रद्धेय डॉ. रवीन्द्र शुक्लजी की रचना प्रक्रिया के सरोकार अत्यंत विशद् तथा विविध हैं। आपका प्रस्तुत दोहा-संग्रह समस्त भारतीय वाङ्मय का आधार लेते हुए वर्तमान काल के परिपेक्ष्य में काव्य विमर्श करता है। यह विमर्श रचनाकार के अपनी जड़ों से जुड़ाव, रसग्रहण क्षमता का आकलन तथा जीवन के मूलभूत सिद्धांतों में निष्ठा को रेखांकित करता है।

इससे पूर्व मैं आपके जिस साहित्यिक स्वरूप से परिचित थी, वह समाज को जागृत करके झकझोरने वाले, पौरुष और क्रांति के आह्वानकर्ता एवं रूढ़िमुक्त, सुसंस्कृत तथा सुविकसित राष्ट्र के पुनर्गठन हेतु जन आंदोलन के कर्मठ प्रणेता का ही था, लेकिन यह बिल्कुल अनूठा-नवीन रूप, नवीन शैली और कलेवर में मेरे सामने है।

प्रस्तुत संग्रह में आपने मानव जीवन के सभी आधारभूत विषयों को अपने लेखन का विषय बनाया है एवं भारतीय दर्शन के विविध पक्षों, विचारों का अत्यंत स्पष्ट, सरस तथा बोधगम्य मानक विवेचन प्रस्तुत किया है। शास्त्रों के मुख्य मंतव्यों का सार, उनका अत्यंत युक्तिसंगत, विशद् विवेचन 'संग्रह' में विविध स्वरूपों में समाहित है और इस प्रकार हमारे समक्ष है— पठन, चिंतन, मनन एवं अनुकरण योग्य अत्यंत उपयोगी, श्रेय का पथदर्शक ग्रंथ, जिसमें धर्मोपदेश, नीति, ज्ञान के सुभाषित रत्न हैं तो राष्ट्र की वर्तमान विविध समस्याओं, विसंगतियों के समाधन भी हैं, व्यष्टिगत मूल्यबोध है तो समष्टिगत दायित्वों का समुचित रेखांकन भी है, राष्ट्र, लोकतंत्र, राजनीति,

जनप्रतिनिधित्व के आदर्श स्वरूप, लोकाचार एवं सदाचरण का बोध है तो जनजागृति का शंखनाद भी है। दर्शन, नीति, धर्मशास्त्र के साथ-साथ समाजशास्त्र, अर्थशास्त्र, राजनीतिशास्त्र, शिक्षाशास्त्र आदि के जटिल सिद्धांतों के गहन-गूढ़ व्याख्या को एक-एक दोहे में समेटना अपने आप में अद्‍भुत है।

हम देख रहे हैं कि विज्ञान और प्रौद्योगिकी की आश्चर्यजनक उपलब्धियाँ भी मानव-जीवन की समस्याओं का समाधान नहीं कर सकी हैं। विचारशील प्राणी होने के नाते मनुष्य पर स्वयं को पूर्ण करने हेतु वर्तमान को अतीत और भविष्य से जोड़ने का भी दायित्व है, लेकिन आधुनिक लेखन में प्रगतिशीलता की लंबी उड़ान भरने की कवायद में, समकालीन साहित्यकार दर्शन, धर्म, नीति…रूपी जीवन के मूलभूत सिद्धांतों से कटते जा रहे हैं, जो कि इस देश की अमूल्य निधि है एवं सर्वश्रेष्ठ विरासत! जिस संपदा के हम उत्तराधिकारी हैं, हमें पता ही नहीं कि वह कितनी समृद्ध है। इसे पाठकों के समक्ष अत्यंत सरस तथा सहज रूप में प्रस्तुत करना रचनाकार द्वारा संपन्न एक उत्कृष्ट तथा श्रेयस्कर कार्य है, क्योंकि हमारा धर्म-नीति सार, शास्त्र-ज्ञान अतीत की स्मृति नहीं है, बल्कि जीवंत आत्मा का सतत आवास है, आत्मिक जीवन की जीवंत धारा है।

मानव और परम सत्य के गुह्य और पवित्र संबंधों को उजागर करनेवाले आपके सुंदर उद्‍गारों के उत्कर्ष में डूबकर मन काव्य के प्रबल सम्मोहन से मंत्रमुग्ध हो जाता है। सभ्यता के सर्वोच्च आदर्शों से तालमेल कराते तथा जीवन के चरम प्रश्नों को रेखांकित करते हुए रचनाकार की असाधारण क्षमता, समग्रदृष्टि, तत्परता और परिपक्वता से पाठक प्रभावित हुए बिना नहीं रह सकता।

परम सत्य, धर्म के मूल तत्त्वों का चिंतन करना, उन्हें अपने समय की बौद्धिक तथा आध्यात्मिक आवश्यकताओं से संबद्ध करना, सार्वभौम सत्य को उसी गांभीर्य से दीप्त करते हुए उनमें युगानुरूप धड़कनें पैदा करने का यह कार्य वंदनीय है।

धर्मतत्त्व के संबंध में हम में गंभीर मिथ्या धारणाएँ हैं। वस्तुतः

आध्यात्मिक जीवन किसी भी विशिष्ट धार्मिक स्थापना से अधिक विस्तृत है। आज जो धर्म विमुखता है, वह बहुत हद तक आध्यात्मिक जीवन पर कर्मकांडों एवं रूढ़ियों के हावी होने का परिणाम है। कवि का स्पष्ट मत है—

धर्म न पूजा की प्रथा, ना मंदिर-गुरुद्वार।
मानवता की धुरी यह, शुचि संस्कृति का सार॥

जीवन-पद्धति धर्म है, श्रेष्ठ समष्टि प्रधान।
'मैं' का 'हम' में विलय ही, धर्मधारणा प्राण॥

प्रत्यक्ष जगत् में एक अदृश्य जगत् की खोज के लिए भटक रही संवेदनशील आत्मा को कवि दीपस्तंभ दिखाता है। संग्रह का प्रथम दोहा ही रचनाकार के मूल चरित्र तथा लेखन के मूल हेतु का बोध करा देता है—

प्रभु से है यह प्रार्थना, बादल मुझे बनाय।
रिमझिम बरसूँ धरा पर, जन-गण-मन हरसाय॥

जो कुछ मेरे पास है, सब तेरा भगवान्।
तुझको अर्पण क्या करूँ, अर्पित निज अभिमान॥

श्रद्धा और उपासना के विभिन्न रूप और योगाभ्यास, आत्मदर्शन के सर्वोच्च लक्ष्य माने गए हैं—

योग भरे चैतन्य तन, मन को करता शुद्ध।
परम शक्ति को प्राप्त कर, मानव होता बुद्ध॥

ज्यों बरसे जल मेघ से, मिले सिंधु में जाय।
विविध भाँति की साधना, त्यों प्रभु से मिलवाय॥

कवि के अनुसार उपवास है—

परमात्मा के सन्निकट, हो आत्मा का वास।
शोधन की इस क्रिया को, कहते हैं उपवास॥

आत्मदर्शन उस अनुभवातीत सत्ता के साथ एकता है, जो निर्मल मन,

बुद्धि तथा विवेक की ही अनुभूति है तथा यही जीवन के कुशल सारथी हैं—

बुद्धि रूप दीपक जले, तेल साधना रूप।
शुचि विवेक की वर्तिका, मन तब आत्मस्वरूप॥

रथ शरीर, आत्मा रथी, मानो मनहिं लगाम।
बुद्धि सारथी मान लो, कर्म होय निष्काम॥

तन की लिप्सा भोग है, मन चाहे सम्मान।
बुद्धि ज्ञान को चाहती, आत्मा प्रिय भगवान्॥

सनातन धर्म का परिचय—

सत्य अहिंसा, दान-वर, क्रोध-रहित हो भाव।
धर्म सनातन ऋषि कहें, स्वाभाविक सद्भाव॥

वर्ण-व्यवस्था तथा सामाजिक वर्गीकरण का आधार जन्म नहीं, गुण-कर्म ही थे—

वर्गीकरण समाज का, गुणता के अनुसार।
स्वाध्यायी, श्रम, साधना, वर्ण प्राप्ति आधार॥

धर्म को कवि ने जीवन की संजीवनी-शक्ति कहा है—

चिंतामणि, विषहरण-मणि, कल्पवृक्ष का रूप।
धर्म-धेनु सुखदायिनी, संजीवनी अनूप॥

एक-एक दोहे में जैसे गागर में सागर भरा है—

कांति, कीर्ति, मति, क्षमा, रति, शांति, शक्ति, व्यवहार।
प्रीति, नीति, गति, अर्थच्युत होते बिनु आहार॥

देश, काल, रिपु, मित्र, धन, सुस्थिति, शक्तिप्रभाव।
पूर्ण आकलन जो करे, यह विजिगीषु स्वभाव॥

मनुष्य भाग्य का निर्माता स्वयं ही है—

काल-भाल पर कर्म से, लिखते गाथा वीर।
विजय सुनिश्चित जगत् में, उद्यमता रणधीर॥

कवि, लेखक, आचार्य, सद्गुरु, विद्वान्, नायक, महापुरुष···का आदर्श व्यक्तित्व दो पंक्तियों में बाँध देना स्वयं में अद्भुत एवं अनूठा है, यथा 'शिक्षक'—

दीपक की बाती सदृश, शिक्षक उर आकाश।
तिल-तिल जलकर शिष्य के, तन-मन भरे प्रकाश॥

विद्या तथा ज्ञान का संबंध—

विद्या कहते हैं उसे, मिले ब्रह्मगति धाय।
ज्ञान वही जो कर सके, पुण्य-विमुक्ति प्रदाय॥

भौतिक तथा अध्यात्म में समन्वय—

धर्म धारणा से मनुज, पाता परम विकास।
भौतिक अरु अध्यात्म से, उर में अतुल प्रकाश॥

आर्य की अवधारणा—

आर्य वही जो धर्म पथ, को माने आदर्श।
स्वयं चले, आग्रह करे, यह है आर्य विमर्श॥

एक दोहे में राष्ट्र तथा राज्य को परिभाषित कर देना कवि के सामर्थ्य को दर्पण दिखाता है—

राष्ट्र, राज्य में भेद है, दोनों नहीं समान।
संस्कृति आत्मा राष्ट्र की, राज्य प्रशासन मान॥

मनुष्य की मूल वृत्ति का मनोवैज्ञानिक चित्रण—

काँटों ने बदला नहीं, अपना कुटिल स्वभाव।
रहें फूल के संग नित, होत न रंच प्रभाव॥

लोकतंत्र की समुचित व्याख्या—

लोक-प्रशासन-लोकहित, जन-जन का ये तंत्र।
शासक शासित भी नहीं, इसीलिए जनतंत्र॥

कवि के अनुसार 'धर्मनिरपेक्ष' शब्द वस्तुत: अर्थहीन ही है—

धर्म विलोम अधर्म है, नहीं धर्म-निरपेक्ष।
मानवता के मूल्य 'रवि', सभी धर्म सापेक्ष॥

वर्तमान राजनीति की विकृति तथा संक्रमण-काल का यथार्थ—

मानसरोवर से हुए, ज्यों निर्वासित हंस।
राजनीति में छा गए, कौओं के अब वंश॥

कलि का यही प्रभाव है, सत्य माँगता भीख।
और असत्य बलिष्ठ हो, देता सबको सीख॥

लेकिन कवि का दृष्टिकोण आशावादी है—

किंतु रखो विश्वास यह, सत्य विजय की ओर।
प्राची से रवि उग रहा, देखो होती भोर॥

श्रेय की प्रधानता होते हुए भी प्रस्तुत ग्रंथ लालित्य से विमुख नहीं है। यद्यपि दोहों को अलंकृत करने का सायास-प्रयास नहीं किया गया है। ये तो कलकल-छलछल बह रही सरिता के समान नैसर्गिक सौंदर्य से मंडित हैं। यहाँ राजप्रासाद की वाटिका की तरह फूलों की कृत्रिम साज-सँवार नहीं, धर्म, नीति तथा ज्ञान की अलौकिक सुगंध तथा जीवनोपयोगी सामग्री का मधुर निर्झर है। आपका रचना संसार, भारतीय दर्शन, शास्त्रों के सार के साथ राष्ट्रीय चिंतन की गहन अनुभूति, अंतर की पुकार, आडंबर की वेदना, सत्यपथ की निर्भयता तथा ज्ञान के प्रभामंडल से आलोकित है।

ऐसे समय में जब नैतिक आक्रमण लोगों को संस्कारहीन जीवन प्रणाली के समक्ष आत्मसमर्पण के लिए बाध्य कर रहा हो और स्पष्ट प्रकाश के अभाव में हम हतचित्त और भ्रांत होकर भविष्य के सम्मुख खड़े हों, जब एक प्राचीन अमूल्य संस्कृति टूट रही हो, नैतिक मापदंड नष्ट हो रहे हों, जब हमें जड़ता से उबारा या अवचेतना से जगाया जा रहा हो, जब वातावरण में उत्तेजना व्याप्त हो, सांस्कृतिक संकट उपस्थित हो, तब हम इन दीपस्तंभों के द्वारा शासित होने का संकल्प लें तो हमारी सभ्यता अपने सबसे उत्तम युग में

प्रवेश कर सकती है। यह आध्यात्मिक वर्षण जन–मन को आप्लावित कर देगा और दिगंत में युगानुरूप प्राचीन और नूतन का अद्‌भुत समन्वय, एक आध्यात्मिक पुनर्जागरण के सूत्रपात का संचार करेगा, जो हमारी संस्कृति की सारभूत आत्मा है, उस आत्मा का शृंगार है, जो हमें ऊर्ध्वगामी बनाएगा, जो मानव मन, आत्मा और आचरण की उच्चतम उपलब्धि है। वस्तुत: हम भारतीय अपने धर्म तथा नैतिक मूल्यों से विमुख होकर अपने राष्ट्रीय अस्तित्व और स्वरूप को कायम नहीं रख सकते।

भारतीय चिंतन के किसी अध्येता के लिए इससे अधिक प्रेरणास्पद कार्य और नहीं हो सकता कि वह आध्यात्मिक ज्ञान, नीति, आचरण के विविध पहलुओं का युगानुरूप विवेचन प्रस्तुत कर दे। डॉ. राधाकृष्णन ने कहा था, "हमें उस ज्ञान–भंडार को समय के आलोक में सँवारना चाहिए, जो हमारे चिंतक मनीषी हमारे लिए छोड़ गए हैं।"

इस ग्रंथ के रूप मे श्रद्धेय शुक्लजी द्वारा सृजित प्रेरणापूर्ण आदर्श हमारे लिए महान् प्रेरणा का अवलंब बने, मानवता के प्रकाश–स्तंभ बने इसी शुभेक्षा के साथ।

—डॉ. रमा सिंह

'अध्यक्ष' अखिल भारतीय साहित्य परिषद्,

एवं 'अध्यक्ष' संस्कार भारती, जिला गुना

अनुक्रम

वंदना

माँ वाणी की वंदना, 'रवि' करता कर जोर।
कृपा करो माँ पूत पर, जीवन की हो भोर॥

माँ वाणी देती सदा, शुचि विवेकयुक्त ज्ञान।
मानवता भी पुष्ट हो, करे जगत् कल्याण॥

वीणावादिनि की कृपा, मूर्ख बने धीमान।
पाकर गणपति की कृपा, रंक बने श्रीमान॥

माँ वाणी! निज कर कमल, रख दे 'रवि' के शीश।
षटविकार सब भस्म हों, दे माँ ये आशीष॥
पद पंकज में शीश धर, माँगे 'रवि' वरदान।
माँ वाणी! देदे मुझे, निर्मलता-सद्ज्ञान॥

माँ वाणी की कृपा जब, मिले निर्मला ज्ञान।
तब मद के बादल छँटे, मिले तभी सम्मान॥

निर्मलता के बिना 'रवि', ज्ञान निरंकुश होय।
पागल हाथी की तरह, नर निज आपा खोय॥

वीणावादिनि से करूँ, विनती बारंबार।
माँ! दे निर्मल मति मुझे, करूँ सृष्टि से प्यार॥

हंसवाहिनी! दे मुझे, हंस समान विवेक॥
भला-बुरा समझूँ सहज, करूँ कार्य सब नेक॥

क्यों रूठी मतिदायिनी! भ्रष्टमती हैं लोग।
डूब रहे हैं भोग में, दुरभिसंधि दुर्योग॥

अपनी अनुपम कृपा का, कर दो माँ विस्तार।
मानवता फूले-फले, निर्मल हो आचार॥

हे माँ वाणी! काट दो, अज्ञानी उर बंध।
नीर-क्षीर सा ज्ञान दो, नैतिकता अनुबंध॥

प्रभु से है यह प्रार्थना, बादल मुझे बनाय।
रिमझिम बरसूँ धरा पर, जन-गण-मन हरसाय॥

जो कुछ मेरे पास है, सब तेरा भगवान्।
तुझको अर्पण क्या करूँ, अर्पित निज अभिमान॥

हाथ जोड़ विनती करूँ, ले लो प्रभु अभिमान।
निर्मल मन, शुचि भाव से, ही होगा कल्याण॥

□

विसंगति

कलियुग में विपरीत सब, दृष्टि पड़े भगवान्।
मानवता ही खो रहा, धरती पर इन्सान॥

हैं कुलीन नौकर यहाँ, शासक अति अकुलीन।
लोभी अति धनवान हैं, दाता हैं अति दीन॥

पापी–पामर यहाँ पर, होते हैं दीर्घायु।
और सत्पुरुष इस समय, देखे हैं अल्पायु॥

संत दुःखी, दुर्जन सुखी, स्वजन वैर, पर प्रीति।
कलियुग का कौतुक यही, उल्टी जग की रीति॥

वयोवृद्ध–तपवृद्ध अरु, ज्ञानवृद्ध एहिकाल।
दरबारी धनवान के, लिप्सा में पामाल॥

□

तृष्णा

स्वर्ण हिरन होता नहीं, जानें जग के लोग।
छले गए प्रभु राम भी, यही लोभ का रोग॥

तृष्णा रोग असाध्य है, नष्ट सभी सुख-चैन।
गिरे मनुज दुःख-कूप में, मन अशांत दिन रैन॥

तृष्णा ऐसी प्यास है, नर ज्यों पीता जाय।
त्यों-त्यों बढ़े गुणांक में, लाज-शर्म बिसराय॥

मानव मन की कामना, होती सिंधु समान।
पूरी कभी न हो सके, लहर सुनामी जान॥

अति तृष्णा के फेर में, मानव पाप कमाय।
परित्याग कर नीतिपथ, धुर कुंपथ पर जाय॥

तन-धन की तृष्णा बढ़े, पड़े पाप के कूप।
छोड़ मनुजता मनुज तब, होता दैत्य स्वरूप॥

तृष्णा मरती है तभी, होय पाप का अंत।
इंद्रिय निग्रह हो सके, मानव होता संत॥

अति तृष्णा में पड़ मनुज, स्वयं स्वत्व बिसराय।
स्वजनों के भी मूल को, हँसकर आग लगाय॥
तृष्णा में पड़कर जगत्, घूमे चक्र समान।
शांति विरत होता मनुज, शून्य विवेक अजान॥

तृष्णा ग्रसित मनुष्य 'रवि', रहे सदा बेहाल।
दु:ख में डूबे कंठ तक, घेरे मायाजाल॥

तृष्णा होती बावरी, शुचि विवेक को छोड़।
नंगी होकर नाचती, सीमाओं को तोड़॥

तृष्णा घटे न रंच भी, उम्र घटे दिन-रात।
भोग छोड़ रम योग में, लाख टके की बात॥

घृत आहुतियों से सदा, होती अग्नि प्रचंड।
उसी तरह से भोग भी, तृष्णा करे अखंड॥

तृष्णा रहित मनुष्य का, करे क्षेम भगवान्।
तृष्णा में डूबा मनुज, मोक्ष न पाये मान॥

□

निंदा

जो निराश रहते सदा, निज जीवन में लोग।
निंदा में डूबे रहें, पापों का दुर्योग॥

मरे मनों के लोग का, निंदा ही बस काम।
अकर्मण्य धुर आलसी, रहते सदा अनाम॥

महागुणी में यत्न से, दोष लेत जो ढूँढ़।
मनोरोग से ग्रसित वे, जग कहता है मूढ़॥

अपने दोष बिसारकर, देखें पर के दोष।
तजो उन्हें मल की तरह, संतों का उद्घोष॥

निंदा की आदत जिन्हें, जानों उन्हें निकृष्ट।
अवगुण की वे खान हैं, जानो उनको दुष्ट॥

निंदा करके और की, श्रेष्ठ न कोई होय।
सबकी नजरों से गिरे, मान सुनिश्चित खोय॥

औरों में अवगुण लखे, मरण समान प्रभाव।
'रवि' अपनेपन का सदा, रहता उन्हें अभाव॥

करें न निंदा और की, सुनें न निंदा और।
ऐसे मानव जगत् में, बनते 'रवि' सिरमौर॥

परनिंदा अति पाप है, सुनना भी अपराध।
पर निंदा से दूर जो, पाता प्यार अगाध॥

करे विलोम विमर्श जो, निंदित जग में होय।
हेय उसे माने सभी, शांति सुमति भी खोय॥

□

पाप

अपने हित के लिए, जो करे अनैतिक काम।
पापी वह 'रवि' धरा पर, होता है बदनाम॥

जो सबके कल्याण हित, करे अनैतिक कर्म।
त्यागी नर कहते उसे, 'रवि' हो रक्षित धर्म॥

कल्याणी शुचि भाव से, प्रक्षालित हों पाप।
धर्म-कर्म-'रवि' योग से, मानव हो निष्पाप॥

पुनः-पुनः जो नर करे, अपने हित में पाप।
फल निश्चित वह भोगता, डूबे सर-संताप॥

पाप कर्म से मनुज की, मति भी होती भ्रष्ट।
जीवन के सब पुण्यफल, हो जाते हैं नष्ट॥

जानबूझकर जो करे, अपने हित में पाप।
कभी नहीं 'रवि' हो सके, वह मानव निष्पाप॥

पतित व्यक्ति के हृदय में, पैदा होत विकार।
पाप कमाए रात-दिन, हो न कभी उद्धार॥

नहीं पाप जिसने किया, निज जीवन में एक।
'रवि' सारे भू-लोक में, मिला न मानव नेक॥

बढ़े निरंतर पाप 'रवि', लोक नष्ट हो जाय।
पापी के मन-हृदय से, दया-धर्म खो जाय॥

सतत रहे जो पाप में, सद्गुण सभी नसाय।
निंदा सारा जग करे, यश-वैभव सब जाय॥

औरों के दुःख देखकर, पापी मोद मनाय।
किंतु पाप के ताप से, स्वयं नष्ट हो जाय॥

पापी यदि धनवान हो, होता घोर अनर्थ।
सज्जनता हो कैद में, सत्बल दुर्बल व्यर्थ॥

ग्रसित रहे पापी सदा, काम-क्रोध-मद-लोभ।
रहे अशांत सदैव ही, मिटें न मन के क्षोभ॥

पापी जन से सत्पुरुष, रहें सदा अति दूर।
तिरस्कार करते सभी, मन-विषाद भरपूर॥

पापी कभी न मानता, है कुछ धर्म-अधर्म।
रमे सदा वह भोग में, करता घोर कुकर्म॥

पापी जिस कुल जन्म ले, उसका सुयश नसाय।
शांति-सुमति-श्री नष्ट हो, निंदा जग की पाय॥

शास्त्र मनीषी एकमत, करते यह उद्घोष।
पापी के परित्याग से, ही समाज का तोष॥

मूर्ख धर्म को छोड़कर, निश-दिन पाप कमाय।
भोग भोगते धरा पर, भावी जन्म नसाय॥

□

दुर्जन

दुष्ट प्रकृति का व्यक्ति तो, काले नाग समान।
नित्य पिलाओ दूध तुम, पर वो हरता प्रान॥

कुल घालक होते सदा, दुष्ट वृत्ति के लोग।
दुष्ट भोगते भोग हैं, कुल भी भोगे भोग॥

नीच रहे यदि साथ में, निश्चित घातक होय।
उसके बंधन यदि बँधे, तो नित पातक होय॥

नीच व्यक्ति प्रिय वचन कह, प्यार तुम्हारा पाय।
सत्पथ से विचलित करे, असत् पंथ ले जाय॥

पा अवसर निश्चित तुम्हें, नीच मिलाए धूल।
कभी सुधरती फिर नहीं, जीवन की यह भूल॥

नीच प्रकृति इन्सान की, निश्चित यह पहचान।
नष्ट करे उसको प्रथम, जिससे पाता मान।

धुआँ अग्नि से प्रकट हो, ज्यों बादल बन जाय।
प्रथम बुझाए अग्नि को, दुर्जन यही सुभाय॥

दुर्जन से पीड़ित रहा, शंका मनहिं समाय।
छाछ फूँककर ही पिए, जो पय से जल जाय।

दुर्जन का धन धर्म के, लगता नहीं हिताय।
दुर्व्यसनों में नष्ट हो, या कि चोर ले जाय॥

पाप बढ़ावे कुमति दे, नीति-कीर्ति हो नष्ट।
दुर्जन की संगति करे, धर्म प्रवण हो भ्रष्ट॥

नष्ट होय संपत्ति सब, हो विपत्ति का कोप।
दुष्ट संग चारित्र्य हर, करे शांति-सुख लोप॥

गरल सर्प के दाँत में, बिच्छू डंक समाय।
अंग-अंग में विष भरा, सो दुर्जन कहलाय॥

पर पत्नी, परधन चहें, कलही अरु अनुदार।
लक्षण दुर्जन के यही, कहते सभी विचार॥

अहित करे कारण बिना, दुर्जन की पहचान।
चूहा काटे वस्त्र ज्यों, बिना भूख के जान॥

जिस बरतन में भोज लें, करें उसी में छेद।
जग में पामर लोग वे, पढ़ें भले वे वेद॥

अमृत वचनों से नहीं, दुर्जन वृत्ति नसाय।
कमल नाल ज्यों गज कभी, 'रवि' नहिं बाँधा जाय॥

सबल व्यक्ति का मिले यदि, दुर्जन को सहयोग।
संघातक हो दुष्ट 'रवि', फलित यही दुर्योग॥

सुखी न कोई रह सके, दुर्जन के सहवास।
प्रेरित दुष्ट स्वभाव खल, देता सबको त्रास॥

स्वजनों से हो सरल जो, सेवक हेतु उदार।
दुर्जन के प्रति कुटिल हो, यही सफलता सार॥

दूर रहो तुम दुष्ट से, भला इसी में होय।
दुष्ट संग जो भी रहे, वे पछताएं रोय॥

क्रोधी पत्नी मूर्ख सुत, बुरे गाँव का वास।
बिना अग्नि के दाहता, दुर्जन का सहवास॥

कमल मुखी वाणी मधुर, उर से वंचक होय।
कहते शास्त्र सुविज्ञ सब, धूर्त सुनिश्चित सोय॥

□

मानव

मानव का तन है अलग, अलग मनुज का धर्म।
'भग' गुणता आए सहज, करे मनुज वह कर्म॥

मानव जीवन श्रेष्ठ है, सभी योनियों बीच।
मिली देह सौभाग्य से, शुद्ध चरित से सींच॥

धर्म आचरित जो करे, अहंभाव को त्याग।
वचन, कर्म मन से रखे, वह सबसे अनुराग॥

पूर्व जन्म के सुफल से, मिलती मानव देह।
सदा करो सार्थक इसे, होकर स्वयं विदेह॥

चौरासी लख योनियाँ, कहते शास्त्र प्रमान।
किंतु सभी इनमें कहें, मानव योनि महान॥

तुच्छ न समझो स्वयं को, मानव योनि महान।
खो जाए सब कुछ मगर, रखो आत्मसम्मान॥

नहीं अकिंचन मनुज है, मानव श्रेष्ठ महान।
पूर्व जन्म के पुण्यफल, से यह देह सुजान॥

किसी योनि में बल नहीं, निज विकास कर पाय।
किंतु मनुज निज कर्म से, नारायण बन जाय॥

मानव की वर योनि का, पालन करे न धर्म।
असुर कहे उनको जगत्, करते जो दुष्कर्म॥

मानव का तन पा लिया, यह निश्चित सौभाग्य।
अगर मिटाया व्यर्थ में, उसका यह दुर्भाग्य॥

नहीं करो अन्याय तुम, नहीं सहो अन्याय।
मनुज योनि है भाग्य से, कर जीवन से न्याय॥

क्षणभंगुर है मनुज तन, धन भी अस्थिर मान।
धर्म कमाएँ रात-दिन, जो हैं चतुर सुजान॥

भौतिक सुख में डूबता, जो है मूर्ख स्वभाव।
करे उपेक्षा धर्म की, जिसका अमिट प्रभाव॥

भय-मैथुन-निद्रा-क्षुधा, नर-पशु एक समान॥
मानव-पशु में भेद बस, मानव में है ज्ञान॥

जमा-खर्च सत्-असत् का, ही संचित कहलाय।
मनुज इसी आधार पर, पुनर्जन्म को पाय॥

एक राशि नक्षत्र में, जन्मे व्यक्ति अनेक।
एक जन्म फुटपाथ पर, श्री विनीत घर एक॥

नैतिकता की नींव पर, धन का महल बनाय।
'रवि' ऐसा मानव सदा, यश दुनिया में पाय॥

गोरस से ज्यों घृत बने, संस्कारों का काम।
मानव पर संस्कार का, संस्कृति है परिणाम॥

अर्थ कमाए धर्म से, नीतिपूर्ण हों कर्म।
जीवन सार्थक उसी का, मानवता का मर्म॥

पीड़ा दे जो लोक को, मनुज अधम कहलाय।
नहीं मिले ऐश्वर्य अरु, निंदा जग की पाय॥

सार-तत्त्व मन भावना, मानव चाहे सिद्धि।
अविचल जो संकल्प से, निश्चित मिले प्रसिद्धि॥

नकारात्मक सोच 'रवि', जीवन बोझ बनाय।
जीने का संकल्प तो, नीरसता मिट जाय॥

निज को जो पहचान ले, मिथ्या उसको स्वर्ग।
निस्पृह को तिनका जगत्, भेद-अभेद न वर्ग॥

स्वस्थ रहे तन मनुज का, आएँ स्वस्थ विचार।
सत्य स्वयं हो आचरित, अनुभव का यह सार॥

जीवन की रक्षा करे, मानव, मानव-धर्म।
जीवन है तो ही मिलें, जीवन के सब मर्म॥

जीवन जिया न जा सके, नहीं परिस्थिति कोय।
संकल्पित हो देख लो, जो चाहो सो होय॥

जीवन है तो कर सके, मानव सब व्यवहार।
जीवन है तो पा सके, मन चाहा संसार॥

अभय दूसरों को करे, भरे हृदय विश्वास।
निर्भय नर वह जगत् में, पाता यश आकाश॥

वैचारिक निर्माण हो, भौतिक निर्मिति पूर्व।
सर्व मान्यता प्राप्त है, यह सिद्धांत अपूर्व॥

भौतिकता की होड़ में, मनुज हुआ हैवान।
नैतिकता मृतप्राय है, चेत अरे इन्सान॥

ज्यों गिरि से गिरकर नदी, सागर जाय समाय।
त्यों विवेक से भ्रष्ट नर, पतन सुनिश्चित पाय॥

सतत चले कल्याण पथ, होती जय-जयकार।
सुपथ पंथ के पथिक को, 'रवि' पूजे संसार॥

साधक जाने स्वयं को, ब्रह्मरूप हो जाय।
भौतिकता से विरत हो, संत सिद्ध कहलाय॥

'मैं' के लिए न मनुज तन, 'हम' का लक्ष्य महान।
अहम् भाव के त्याग से, मानव का कल्यान॥

धनबल-जनबल-बाहुबल, मानित इस संसार।
किंतु आत्मबल हो अगर, सब बल हैं बेकार॥

सम्मानित जो जगत् में, गुणता एक समान।
सब में ही हो आत्मबल, नायक वरद महान॥

सिद्धि तत्त्व है आत्मबल, कहते सुधी सुजान।
यह वर कारक तत्त्व है, इसको तू पहचान॥

मानव के हर कृत्य का, आत्मा ले संज्ञान।
सुने अगर उसकी मनुज, निश्चित होय महान॥

शास्त्रों का अध्ययन-श्रवण, नर कल्याणी पंथ।
विरत रहे तो हो सहज, मानवता का अंत॥

धर्म करे रक्षा सदा, मानवता का मर्म।
वंदनीय इस जगत् में, धारण करता धर्म॥

प्रभु प्रदत्त वैशिष्ट्य का, करे सही उपयोग।
श्रेष्ठ वही नर जगत् में, ईश कृपा का योग॥

धर्मशील मानव सदा, प्रभु का परम अनन्य।
मोक्ष सहज मिलता उसे, जग भी कहता धन्य॥

□

भगवान्

शौर्य, ज्ञान, वैराग्य, श्री, यश, ऐश्वर्य निधान।
इन्हीं गुणों का रूप 'भग', भग से ही भगवान॥

ईश्वर कण-कण में रमा, प्राणी उसका यंत्र।
कर्मों के अनुसार ही, फल देता प्रभु-मंत्र॥

परमात्मा के सन्निकट, हो आत्मा का वास।
शोधन की इस क्रिया को, कहते हैं 'उपवास'॥

श्रुति, संस्मृति, ऋषि, शास्त्र सब, ध्याते जिनको नित्य।
परम शक्ति प्रभु है वही, जग में केवल सत्य॥

कण-कण में भगवान् है, जग उसका ही रूप।
जड़-चेतन सब में वही, सब हैं आत्म-स्वरूप॥

प्राणिमात्र के हृदय में, सदा विराजे ईश।
प्राणी का तन यंत्र है, संचालक जगदीश।

भग गुणता का अंश भी, पाए यदि इन्सान।
गुणता के अनुसार ही, बनता व्यक्ति महान।

भग गुणता को प्राप्त कर, मानव हो भगवान।
नर से नारायण बने, साक्षी कई प्रमाण॥

राम, कृष्ण, अरु बुद्ध वर, महावीर, शुचि नाम।
मानव से ईश्वर बने, बने धर्म के धाम॥

ज्यों बरसे जल मेघ से, मिले सिंधु में जाय।
विविध भाँति की साधना, त्यों प्रभु से मिलवाय॥

तन की लिप्सा भोग है, मन चाहे सम्मान।
बुद्धि ज्ञान को चाहती, आत्मा प्रिय भगवान्॥

ईश व्याप्त है जीव तन, जीव समझ नहिं पाय।
नष्ट अगर हों कामना, प्रभु निश्चित मिल जाय॥

जो रहस्य मन पुरुष के, सब जाने जगदीश।
निर्मल मन हो जाय यदि, स्वयं मिलेगा ईश॥

यदि मन के कल्मष मिटे, तो आत्मा उत्कर्ष।
सियाराममय जग दिखे, अंतरमन में हर्ष॥

जिसका भी हो आदि तो, होता निश्चित अंत।
शाश्वत केवल ब्रह्म है, जो है अगम अनंत॥

वेद, शास्त्र, विज्ञान सब, परम ब्रह्म की शक्ति।
इनको पाकर सहज ही, परम ब्रह्म अनुरक्ति॥

सूक्ष्म दृष्टि पाते अगर, साधक प्रज्ञ महान्।
परमात्मा मिलता उन्हें, कहते शास्त्र सुजान॥

जहाँ सत्य वहँ धर्म है, जहाँ धर्म वहँ ईश।
सदाचरण से ही मिलें, मानव को जगदीश॥

वेद, शास्त्र, विज्ञान सब, परम ब्रह्म की शक्ति।
इनको पाकर सहज हो, ईश्वर में अनुरक्ति॥

आत्मा प्रभु का अंश है, शुचि विवेक का मूल।
नीर-क्षीर का ज्ञान दे, सोच धर्म अनुकूल॥

निज के लिए न जो जिया, उसका जीवन धन्य।
शुद्ध आत्मा उसी की, प्रभु का वही अनन्य॥

आवाहन कर रहा 'रवि', उठो करो अभियान।
सुर संस्कृति के जागरण, से हो नवल विहान॥

□

धर्म

धर्म शब्द उत्पत्ति यह, सुनिए गुणी सुजान।
प्रत्यय 'मन्', 'धृ' धातु का, योग शब्द प्रतिमान॥

धारण करना धातु 'धृ' 'मन्' प्रत्यय मिल जाय।
धर्म शब्द उत्पन्न हो, गूढ़ अर्थ को पाय॥

जन-जन जो धारण करे, कहते उसको धर्म।
सकल सृष्टि का हित सधे, यही धर्म का मर्म॥

पुष्ट करे माँ की तरह, रक्षण पिता समान।
धर्म मित्र सम देत सुख, संबंधी सम मान॥

मानव जीवन का करे, जो अनुपम शृंगार।
संजीवनी पवित्र यह मानव जीवन सार॥

चिंतामणि, विषहरण-मणि, कल्पवृक्ष का रूप।
धर्म-धेनु सुखदायिनी, संजीवनी अनूप॥

जीवन पद्धति धर्म है, श्रेष्ठ समष्टि प्रधान।
'मैं' का 'हम' में विलय ही, धर्मधारणा प्राण॥

जन उदारता को कहें, 'धर्म' सभी विद्वान।
सबका ही कल्याण हो, धर्म उसी को मान॥

धर्म लोक की धारणा, धर्म-मर्म कल्याण।
जीवन की शोभा अतुल, मानवता का त्राण॥

धर्म मूल कल्याण का, धर्म मूल संसार।
धर्म-अधर्म प्रभाव से, प्रकट होय व्यवहार॥

धर्म सौख्य का मूल है, दुःख का मूल अधर्म।
धर्मपरायण ही सुखी, जीवन का यह मर्म॥

धर्म बिना सुख ना मिले, है प्रवृत्ति सुख मूल।
धर्मपरायण को सहज, मिलता सौख्य दुकूल॥

धर्म धारणा से मनुज, पाता परम विकास।
भौतिक अरु अध्यात्म से, उर में अतुल प्रकाश॥

धर्म करे रक्षा सदा, मानवता का मर्म।
वंदनीय इस जगत् में, धारण करता धर्म॥

वैद्य तर्क से हीन हो, पंडित लक्षणहीन।
भावरहित यदि धर्म हो, उसे जानिए दीन॥

धर्महीन नर जगत् में, होता मृतक समान।
धर्मपरायण मरे भी, शाश्वत यश दिनमान॥

दृष्टि-शक्ति के बिना ज्यों, आँखें हों तो व्यर्थ।
धर्म, कला से रहित नर, करता घोर अनर्थ॥

मारे जो शुचि धर्म को, धर्म करे संहार।
धर्मविहीन मनुष्य का, जीवन भू पर भार॥

कलियुग में राक्षस अनत, कहें शास्त्र सब झूठ।
बनें धर्म-निरपेक्ष वे, गई शारदा रूठ॥

धर्म विलोम अधर्म है, नहीं धर्म-निरपेक्ष।
मानवता के मूल्य सब, सभी धर्म-सापेक्ष॥

पूजा, अर्चन, वंदना, धर्म नहीं कहलाय।
धर्म धारणा का विषय, जो पालै सो पाय॥

धर्म न पूजा की प्रथा, ना मंदिर-गुरुद्वार।
मानवता की धुरी यह, शुचि संस्कृति का सार॥

धर्म न पूजा-अर्चना, धर्म वृत्ति है पंथ।
गहना सभ्य समाज का, कहें सभी सद्ग्रंथ॥

मंदिर, पूजा, अर्चना, से हो चित्त निरोध।
स्थिर मन अभ्यास से, परम शक्ति का बोध॥

सभी पाप कट जाएँगे, चाहे करो कुकर्म।
पूजा, अर्चन का यही, मूढ़ समझते मर्म॥

किंतु नहीं यह सत्य है, मूरख मन अब चेत।
कर्मों का ही फल मिले, ऋषिवर करें सचेत॥

यदि कुकर्म में रत रहे, भोगे मानव पाप।
पूजा-अर्चन से नहीं, हो मानव निष्पाप॥

किंतु आज इस जगत् में, फैला यही विकार।
पूजा से हो जाएँगे, भवसागर के पार॥

आध्यात्मिकता का मनुज, पर प्रभाव अनुकूल।
मानव को अध्यात्म से, मिलता धर्म दुकूल॥

आस्तिक-नास्तिक का कभी, धर्म न करे विचार।
मानव मूल्यों को जिए, यही धर्म का सार॥

आस्तिक-नास्तिक भी सुनो, नहीं धर्म के सेतु।
सदाचरण जीवन जिए, यही धर्म का हेतु॥

धर्म प्रवण नर-नारि का, मन निर्मल ही होय।
परहित नित जीवन जिए, अहं भाव को खोय॥

धर्मरहित नर-नारि का, जीवन निष्फल मान।
नित कुपंथ पर ही चलें, अवगुण की भी खान॥

पुत्र-नारि धन-संपदा, यौवन अरु संसार।
अस्थिर सब ये जगत् में, अचल धर्म ही सार॥

पालन करता धर्म जो, निश्चित शुभ गति पाय।
किंतु विरत जो धर्म से, जीवन अर्थ नसाय॥

क्रोध, लोभ, भय, भावना, में ना छोड़े धर्म।
परिशोधन होता सहज, डूबे ऋजु सत्कर्म॥

धर्म त्याग से मनुज की, चिंतन-शक्ति विनष्ट।
कदाचरण में लिप्त हो, मानव होता भ्रष्ट॥

देश-काल अनुसार ही, पालन होता धर्म।
कहीं धर्म कहलाय जो, कहीं कहाय अधर्म॥

मर्यादा है जगत् में, देश-काल अनुसार।
परंपराएँ भी अलग, अलग रीति-व्यवहार॥

जनहित में बोले असत्, वह भी धर्म कहाय।
लोक हेतु जो आचरण, निंदा कभी न पाय॥

सम्यक् कारण काल पर, मानव करे विचार।
सानुकूल निर्णय करे, यही धर्म का सार॥

लव-सुख मिलता भोग में, श्रेय सौख्य चिरकाल।
धर्म लोक-परलोक में, करता उन्नत भाल॥

चिंतन करे न पाप का, पालन करे स्वधर्म।
पुण्य स्वयं हो अवतरित, करे सदा सत्कर्म॥

धर्म बढ़े यदि जगत् में, सुखी होय संसार।
रक्षा जन-जन की करे, धर्म शांति दातार॥

धर्म अगर आचरित हो, श्रेय प्राप्ति हो जाय।
करे मनुष्य अधर्म तो, 'रवि' अनिष्ट ही पाय॥

□

सनातन धर्म

'रवि' सारे संसार में, एक मात्र है धर्म।
कहें 'सनातन' सब उसे, मानवता का मर्म॥

मानवता का रूप है, सत्य सनानत धर्म।
जीवन का उद्‌देश्य हो, सत्य आचरण कर्म॥

धर्म सनातन के सिवा, दुनिया में सब पंथ।
ईश प्राप्ति विधि मार्ग को, पंथ कहे सद्ग्रंथ॥

सत्पुरुषों के लिए ही, सत्य सनातन धर्म।
इसमें ही है सन्निहित, जीवन का सब मर्म॥

नहीं 'रिलीजन' शब्द है, धर्म शब्द पर्याय।
संप्रदाय या पंथ ही, अर्थ 'रिलीजन' पाय॥

अनगिन मत इस जगत् में, कहते शास्त्र सुजान।
परम शक्ति को देखते, निज मति से अनुमान॥

शास्त्रों में मतभेद है, श्रेष्ठ कौन सा पंथ।
जिस पथ चलें महान् जन, श्रेष्ठ कहें सब ग्रंथ॥

सरिता सम मत-पंथ है, प्रभु पाने की राह।
अलग-अलग चलते मगर, सब का एक प्रवाह॥

भू पर ज्यों नदियाँ बहें, त्यों अनगिन हैं पंथ।
किंतु सभी के मार्ग का, सागर में ही अंत॥

अलग-अलग मत साधना, को कहते सब पंथ।
विविध भाँति वर्णन करें, चिंतक, साधक, ग्रंथ॥

दिव्य सनातन धर्म में, पंथ अनेक प्रकार।
इनको माने या नहीं, इसका नहीं विचार।

वेद, शास्त्र, मुनि, कवि-जगत्, सबका यह निष्कर्ष।
धर्म सनातन विश्व में, अतुलित, विमल, विमर्श॥

सत्य-अहिंसा, दान वर, क्रोध-रहित हो भाव।
धर्म सनातन ऋषि कहें, स्वाभाविक सद्भाव॥

वरद मनीषी, वेद, ऋषि, उपनिषदों का सार।
विशद सनातन धर्म का, छह अंगी विस्तार॥

चार वेद, पुरुषार्थ अरु, आश्रम चार सुजान।
इनमें ही आवृत्त है, मानव धर्म महान॥

आदिग्रंथ ऋग्वेद है, यजुर्वेद फिर जान।
फिर अथर्व अरु साम है, वेद अतुल विज्ञान॥

वर्ण, आश्रम धर्म अरु, वर्णाश्रम, गुण धर्म।
नैमित्तिक, सामान्य भी, यही सनातन धर्म॥

वर्ण न होता जन्म से, वर्ण कर्म अनुसार।
जन्म समय सब शूद्र हैं, शास्त्रों का यह सार॥

एक जन्म माँ गर्भ से, एक मनुज के यत्न।
ऋषि इसको ही द्विज कहें, मिलता निज के यत्न॥

ब्राह्मण, क्षत्रिय, वैश्य को, द्विज कहते सब शास्त्र।
निज, श्रम-क्षम से ही बनें, वर्ण प्राप्ति के पात्र॥

वर्गीकरण समाज का, गुणता के अनुसार।
स्वाध्यायी, श्रम, साधना, वर्ण प्राप्ति आधार॥

वर्णों के अनुसार ही, निर्धारित गुण-कर्म।
वर्णों के कर्तव्य को, कहें वर्ण का धर्म॥

चारों आश्रम के लिए, निर्धारित जो कर्म।
इनके पालन को कहें, ऋषिवर आश्रम धर्म॥

चारों आश्रम-वर्ण में, है अटूट संबंध।
निर्धारित कर्तव्य जो, वर्णाश्रम अनुबंध॥

यही कर्म अनुबंध ही, है वर्णाश्रम धर्म।
पालन करे समाज सब, कहें सभी सत्कर्म॥

मानव मूल्यों को जिए, धार्मिक वह कहलाय।
जिए चार पुरुषार्थ जो, सहज मुक्ति पा जाय॥

धर्म–अर्थ, शुचि काम से, मोक्ष सुनिश्चित मान।
ऋषि सम्मत पुरुषार्थ में, इसको तू पहचान॥

कल्याणी मन भावना, से पूरित पुरुषार्थ।
मैं का हम में विलय कर, मनुज होय निःस्वार्थ॥

चार आश्रमों में बँधा, भारत में पुरुषार्थ।
इनमें बँध जीवन जिए, सफल होय परमार्थ॥

ब्रह्मचर्य आश्रम प्रथम, फिर गृहस्थ आगार।
वानप्रस्थ संन्यास से, हो भवसागर पार॥

ब्रह्मचर्य आश्रम जिए, जहँ सद्गुरु का वास।
विद्या, विनय, सुशीलता, का उर होय प्रकाश॥

भोग–योग के साथ में, है गृहस्थ आगार।
राग–द्वेष से मुक्ति ही, वानप्रस्थ का द्वार॥

है गृहस्थ आश्रम प्रमुख, चार आश्रमों बीच।
धर्म–धारणा से इसे, हे मानव! तू सींच॥

भुक्ति, मुक्ति के लिए 'रवि', है गृहस्थ आगार।
आत्म–निरीक्षण, धर्मपथ, सफल मनोरथ द्वार॥

'रवि' गृहस्थ आश्रम रुचिर, मोक्ष प्राप्ति का द्वार।
इस पर ही आश्रित सभी, दुनिया के व्यवहार॥

अनासक्त होकर जिए, पालन करे स्वधर्म।
वह गृहस्थ 'रवि' श्रेष्ठतम, मोक्ष प्राप्ति का मर्म॥

मानव जीवन में करे, भूल जान-अनजान।
परिमार्जन के लिए भी, निश्चित नियम सुजान॥

प्रायश्चित्त के ही नियम, हैं नैमित्तिक धर्म।
परिमार्जन का मार्ग 'रवि', पश्चाताप सुकर्म॥

मानवता के लिए, जो निर्धारित आदर्श।
जिनके सेवन से सदा, हो मानव उत्कर्ष॥

भरे मनुज निज में अगर, गुणता धर्म-प्रमाण।
निश्चित 'रवि' संसार में, हो मानव कल्याण॥

गुणता से ही हो अगर, व्यक्ति-वस्तु पहचान।
उसे कहें गुण-धर्म 'रवि', शास्त्र, संत, विद्वान॥

सकल विश्व की मनुजता, का करता श्रृंगार।
धर्म वही सामान्य 'रवि', शास्त्रों का यह सार॥

मनुज योनि में जन्म ले, 'रवि' यह निश्चित भाग्य।
जन्में भारत में अगर, तो मानो सौभाग्य॥

सारी दुनिया भोग भू, भारत कर्म प्रधान।
त्याग और आदर्श से, मानव हो भगवान॥

षट विकार मन में रहें, जैसे सिंधु तरंग।
अवसर पाकर तोड़ दें, सदाचार तटबंध॥

निर्मल मन-तन का सुगम, साधन पावन धर्म।
पालन करते सुजन सब, जानें जीवन मर्म॥

ऋषियों ने कब ये कहा, देवों को तू मान।
शास्त्रों का यह घोष है, तू निज को पहचान॥

धैर्य क्षमा अस्तेय दम, निग्रह सत्य-अक्रोध।
विद्या बुद्धि पवित्रता, धर्म प्रवीण, सुबोध॥

□

धीर

धीरे-धीरे उदय हो, रवि का ज्यों आकाश।
त्यों तप, धीरज से मनुज पाए परम विकास॥

आदर देकर श्रेष्ठ को, भेद नीति से वीर।
अपने तीन बनाइए, न्यायपूर्वक धीर॥

पुष्प गुच्छ सा धीर नर, दो प्रकार परिणाम।
या तो चढ़ता शीर्ष पर, या होता गुमनाम॥

सुस्थिर मन का मनुज ही, जीवन में सब पाय।
अस्थिर मन का व्यक्ति तो, सब कुछ देत नसाय॥

जो विपत्ति के समय भी, करे मधुर व्यवहार।
धीरज का दामन गहे, विपति सिंधु हो पार॥

लदे फलों से वृक्ष अरु, व्योम मेघ भर नीर।
निश्चित नीचे को झुकें, शीलवान अरु धीर॥

धुर विपत्ति में धैर्य अरु, शास्त्रों में अनुरक्ति।
क्षमाभाव मन धरे नर, समर पराक्रम भक्ति॥

धैर्य बिना सद्बुद्धि नहिं, नहीं धैर्य बिन ज्ञान।
धैर्यहीन को घेरता, घोर तिमिर अज्ञान॥

धैर्य तभी संभव मनुज, तजे हर्ष, भय, क्रोध।
धैर्यशील को ही सदा, हो विवेक से बोध॥

धैर्य मित्रवत् साथ दे, माँ समान दे नेह।
पितु समान पालन करे, छाया ज्यों निज गेह॥

चाहे सुख-दुःख सघन हों, आए नहीं विकार।
धैर्यशील का आचरण, सुस्थिरता का सार॥

सदा हेतु जिसका रहे, आत्मा का कल्याण।
धैर्यवान की धीरता, देती है परित्राण॥

ईर्ष्या से रहते विमुख, मानव धीरजवान।
हर्ष-शोक में सम रहें, करें साधना ज्ञान॥

मन में सम्यक् सोचकर, करते हैं जो काम।
लिखे सफलता तूलिका, धैर्यवान का नाम॥

संशय को पहले हने, धैर्यवान इन्सान।
फिर करता है कर्म वह, विजय सुनिश्चित जान॥

अस्थिरता घातक बहुत, करो युक्ति-उपचार।
सुस्थिर मन संकल्प से, हों सपने साकार॥

□

क्षमा

धर्म, सत्य से जन्म ले, दया दान से पुष्ट।
क्षमा उसे सुस्थिर करे, क्रोध-लोभ से नष्ट॥

क्षमादान वरदान है, किंतु समय अनुसार।
निर्णय सोच-विचार कर, यही नीति का सार॥

यद्यपि सद्गुण क्षमा पर, करें न क्षमा सदैव।
अनुचित-उचित विचार कर, निर्णय करें तदैव॥

क्षमा-योग्य अपराध वह, जो अनजाने होय।
क्षमा करे नहिं 'रवि' अगर, अच्छा कहे न कोय॥

धुर विपत्ति के समय हो, यदि अपराध सुजान।
निज रक्षा में घटित जो, क्षमा-योग्य ही मान।

क्षमा शोभती है उसे, हो सब विधि संपन्न॥
क्षमा कभी शोभित नहीं, दाता होय विपन्न॥

क्षमा सहज गुण निबल का, आभूषण बलवान।
वशीकरण का मंत्र यह, कहते हैं विद्वान॥

नहीं क्षमा के योग्य वह, करता सदा कुकर्म।
सदा करें दंडित उसे, यह सामाजिक धर्म।

उचित क्षमा के दान से, मानव पाए मान।
क्षमादान अनुचित अगर, हानि-ग्लानि-अपमान॥

□

दम

संयम जीवन से गया, जीवन होता व्यर्थ।
संयमहीन मनुष्य तो, खोता निज का अर्थ॥

मन की चंचल वृत्ति है, ऋजु यदि कसे लगाम।
करे सवारी अश्व सम, 'रवि' दम का यह काम॥

शुचिता अंतर्बाह्य की, 'रवि' दम के आधीन।
मन को अंकुश में रखे, मानव परम प्रवीन॥

अंकुश में यदि मन नहीं, तृष्णा में घिर जाय।
कदाचरण में लिप्त हो, लज्जा को बिसराय॥

मन सुस्थिर हो जाय, यदि मानव होय महान।
दुनिया उसको पूजती, नारायण ही मान॥

मन के जीते जीत है, मन के हारे हार।
मन को अंकुश में रखो, दम का यह व्यवहार॥

पंच इंद्रियों का दमन, करता जो इन्सान।
पूजित होता जगत् में, बनता वह धीमान॥

अर्थ, काम अर्जित करे, दोनों हैं पुरुषार्थ।
मर्यादा में बँधे हों, तो जीवन का अर्थ॥

काम क्रोध अरु लोभ अति, तीन नरक के द्वार।
इनको अंकुश में रखो, चाहो यदि उद्धार॥

शुभचिंतक आत्मा-मनुज, बंधु-सखा भी मान।
है ऐश्वर्य निधान भी, पावन अंकुश जान॥

जिसका मन वश में नहीं, हिंसक पशु सम होय।
छोटी-छोटी बात पर, देता आपा खोय॥

संयमहीन मनुष्य 'रवि', कर देता अपमान।
दूर रहें उससे सभी, दुष्ट प्रकृति का मान॥

सुस्थिर मन का मनुज ही, जीवन में सब पाय।
अस्थिर मन का व्यक्ति तो, सबकुछ देत नसाय॥

मन जीता जिसने वही, जग जीता कहलाय।
लाभ श्रेष्ठतम जगत् में, आत्मतत्त्व मिल जाय॥ □

इंद्रिय निग्रह

इंद्रिय निग्रह तप बड़ा, सुख का मूलाधार।
साधक की संजीवनी, मानव जीवन सार।

इंद्रिय निग्रह कठिन है, पर आवश्यक जान।
इंद्रिय निग्रह से मनुज, होता सहज महान्॥

अनियंत्रित यदि इंद्रियाँ, मानव भोगी होय।
नष्ट होय ऐश्वर्य सब, तन की श्री भी खोय॥

इंद्रिय निग्रह अति कठिन, पीड़ा मृत्यु समान।
पर अभीष्ट यह जगत् में, मानवता हित जान।

पंच इंद्रियों का दमन, करता जो इन्सान।
पूजित होता जगत् में, बनता वह धीमान॥

मनहर होतीं इंद्रियाँ, हरें सभी का चैन।
रक्षा संयम ही करे, विद्वानों के बैन॥

वश में हों यदि इंद्रियाँ, चित्त शुद्ध मति होय।
अनियंत्रित मति अन्यथा, देती कीर्ति डुबोय॥

इंद्रियजित के मार्ग से, हो संकट परिहार।
दोष–मुक्त रहता सदा, जीवन हो सुख–सार॥

अनियंत्रित हो इंद्रियाँ, टूटे बाँध समान।
ज्यों मिटता सब बाढ़ में, त्यों मिटता इन्सान॥

इंद्रिय निग्रह मनुज के, जीवन का सुखमूल।
डूबे इंद्रिय भोग में, मिलता नहीं दुकूल॥

योग भरे चैतन्य तन, मन को करता शुद्ध।
परम शक्ति को प्राप्त कर, मानव होता बुद्ध॥

रूप सुरक्षित योग से, कुल रक्षा आचार।
मानवता तब ही बचे, होहिं पवित्र विचार॥

इसीलिए विद्वान् सब, करते यह उपदेश।
योग करो अष्टांग तुम, होगे सहज विशेष॥

करे नियंत्रित मनुज मन, उचित उपाय प्रयोग।
कष्ट मिटें तन के सभी, बने सौख्य का योग॥

आठ अंग हैं योग के, ऋषियों का उद्घोष।
इसके पालन से मिटें, मन के सारे दोष॥

सभी इंद्रियों का सहज, नियमन इससे होय।
जो इससे वंचित हुआ, जीवन भर वह रोय॥

इंद्रिय निग्रह से सदा, मानव होत महान।
देव शक्तियाँ प्राप्त कर, चमके ज्यों दिनमान॥

पूर्ण कामना से रहित, नहीं जीव संसार।
मर्यादित हो कामना, नर होता भवपार॥

भोग भोगने से बढ़ें, कहें शास्त्र अरु संत।
डूबा जो इसमें मनुज, 'रवि' निश्चित हो अंत॥

दु:ख का डेरा हो वहाँ, जहाँ विषय अनुराग।
काम खींचता पुरुष को, बढ़े काम की आग॥

कामदेव के वश लखे, अनगिन साधू-संत।
डूबें वे अपकीर्ति में, श्रद्धा का भी अंत॥

लिप्त रहे जो भोग में, बुद्धि भ्रष्ट हो जाय।
शांति-सुमति सब नष्ट हो, दुर्गति को नर पाय॥

अग्नि प्रज्वलित हो प्रखर, घृत की आहुति देत।
भोग भोगने से बढ़ें, ऋषिवर करें सचेत॥

डूब गया जो भोग में, पतन सुनिश्चित पाय।
रोग-शोक में घिरे नर, गरिमा पूर्ण नसाय॥

अग्नि काम की अति प्रबल, बुद्धि भ्रष्ट हो जाय।
लज्जा भी जाती रहे, मनुज अधोगति पाय॥

काम मनुज सेवन करे, किंतु न हो आसक्त।
मर्यादा अरु संतुलन, में हो नर अनुरक्त॥

कामवासना का सतत, 'रवि' जो अनुचर होय।
वह अधर्म का पथिक हो, देता सबकुछ खोय॥

अगर रहे अतृप्त मन, अति चंचल हो जाय।
धर्माधिष्ठित भोग कर, मनुज मोक्ष को पाय॥

कामवासना में घिरा, ज्ञानी ज्ञान नसाय।
शांति स्वयं की नष्ट कर, जग-निंदा को पाय॥

तीन लोक चौदह भुवन, दिखा न मानव एक।
डूबा हो जो काम में, करे आचरण नेक॥

कीर्ति नष्ट हो मनुज की, जीवन निष्फल होय।
निंदित जीवन ही जिए, शांति स्वयं की खोय॥

आत्मतत्त्व को जान ले, वंदित प्रज्ञावान।
इंद्रिय निग्रह से सहज, हो मानव कल्यान॥

परमात्मा का अंश ही, आत्मा माने लोग।
उसका ही दुर्लक्ष्य कर, करें अनैतिक भोग॥

मन है बंदर की तरह, चंचल घोर स्वभाव।
अगर न अंकुश में रखा, डूबे विषय प्रभाव॥

मन को अंकुश में रखो, यदि चाहो कल्याण।
आधि-व्याधि से मुक्त हो, मानव पाए त्राण॥

हे नर! चित्त निरोध ही, परम शांति का द्वार।
पर दुष्कर ये बहुत है, साधक ही हों पार॥

मन ही बंधन-मोक्ष का, कारणभूत सुजान।
बंधन विषयों में रमे, मुक्ति निर्विषय मान॥

मरे हुए का शोक तो, करते सारे लोग।
स्वयं मृत्यु से बेखबर, लिप्त रहें नित भोग॥

मन, वाणी या कर्म में, आई यदि आसक्ति।
मानव फँसता मोह में, क्षीण होय सब शक्ति॥

डूबा नर आसक्ति में, पिरता तिली समान।
कष्ट भोगता रात-दिन, मिले न जग में मान॥

मानव यदि आसक्त हो, चंचल बुद्धि स्वभाव।
शांति, सुमति घटती सहज, घटता कीर्ति प्रभाव॥

अंतस की आवाज को, करता वह दुर्लक्ष्य।
विषयों में आसक्त जो, खाए भक्ष्य-अभक्ष्य॥

इंद्रिय निग्रह जो करे, कहलाता वह श्रेष्ठ।
अध्ययन से ज्ञानी बने, सदाचरण से ज्येष्ठ॥

□

सत्य

भूमि, कीर्ति, अपराजिता, निश्चित उसके साथ।
सत्य अनुसरण जो करे, जगत् नवाए माथ॥

आश्रय दे विश्वास को, करे विपति का नाश।
सत्य अमित संजीवनी, जीवन भरे प्रकाश॥

सत्य धर्म का मूल है, रक्षक भी कहलाय।
रक्षण विद्या का करे, नित अभ्यास सुहाय॥

कलि का यही प्रभाव है, सत्य माँगता भीख।
और असत्य बलिष्ठ हो, देता सबको सीख॥

मन-वाणी अरु कर्म में, यदि असत्य का वास।
धर्म नष्ट हो मनुज का, जग में हो उपहास॥

सींचें यदि हम अग्नि से, तरु कब जीवन पाय।
धर्म न जीवित रह सके, सत्य अगर बिलगाय॥

अलंकरण हो सत्य से, मान करे संसार।
जीवन भरा असत्य से, वह मनुष्य भू भार॥

ज्यों बंजर भू-भाग पर, उपज कभी नहिं होय।
पूजा, जप-तप सत्य बिन, मनुज फलित सब खोय॥

जीवन में यदि सत्य है, फिर तप का क्या काम।
मन पवित्र यदि मनुज का, 'रवि' क्या तीरथ धाम॥

दुर्लभ हैं इस जगत् में, हित उपदेशक लोग।
प्रिय-असत्य भाषण करें, कलियुग का यह रोग॥

पावन हो वाणी तभी बोलें सत्य विचार।
मन निर्मल हो ज्ञान से, काया सद् आचार॥

काम-क्रोध, मद-लोभ सब, उसके ही आधीन।
जो करता सत्याचरण, मन उसका स्वाधीन॥

सत्यव्रती को इसलिए, साधु कहें सब लोग।
सेवा परम अभीष्ट है, इष्ट न उसका भोग॥

सत्य, मृदुल, प्रिय वचन से, ही होता उत्कर्ष।
पर निंदा से हो सदा, मानव का अपकर्ष॥

प्रिय वाणी को सुन सभी, होते हैं संतुष्ट।
अगर सत्य हो आचरण, तो जीवन परिपुष्ट॥

कहो सत्य जो प्रिय लगे, अप्रिय सत्य न बोल।
प्रिय असत्य भी बोल मत, यह सिद्धांत अमोल॥

जड़, चेतन, धरती, गगन, सभी सत्य के रूप।
कण-कण में जो शक्ति है, वह भी ईश स्वरूप॥

जिसका हृदय दयालु है, वाणी बोले सत्य।
परहित जीवन जो जिए, पूजित उसके कृत्य॥

सत्य आचरण जो करे, सत्य बोलता बोल।
विजय अंत में उसी की, यह सिद्धांत अमोल॥

'रवि' कलियुग में सहज ही, कुछ ऐसा भ्रम होय।
सत्य पराजित हो गया, मन का आपा खोय॥

'रवि' संकल्प सुकर्म से, होय सत्य की जीत।
दृढ़ मन के विश्वास से, अंत असत्य सभीत॥

रखो सदा विश्वास 'रवि', सत्य विजय की ओर।
प्राची से रवि उग रहा, देखो होती भोर॥

□

अक्रोध

क्रोध धर्म को नष्ट कर, हरता बुद्धि समूल।
क्रोध भयंकर शत्रु है, क्रोध पाप का मूल॥

क्रोध बुद्धि को भ्रष्ट कर, करता नष्ट विवेक।
क्रोधवंत मानव कभी, करता कर्म न नेक॥

क्रोधी का होता सहज, पूर्ण परिश्रम व्यर्थ।
नष्ट सफलता हो सहज, होता घोर अनर्थ॥

क्रोधी मूढ़ मनुष्य का, नष्ट लोक-परलोक।
दोषारोपण रत रहे, घिरा रहे नित शोक॥

मर्यादा माने नहीं, क्रोधी क्रोध स्वभाव।
कर्म-अकर्म विभेद का, चिंतन पूर्ण अभाव॥

प्रिय-अप्रिय हैं बोल क्या, जाने नहीं विभेद।
क्रोधवंत नर के लिए, क्या दर्शन क्या वेद॥

क्रोधी मानव से सहज, हो जाते सब दूर।
एकाकी होता स्वयं, मन विषाद भरपूर॥

दोषारोपण क्रोध से, जो नर–नारी दूर।
परम शांति को प्राप्त हो, सौख्य मिले भरपूर॥

अति क्रोधी नर का कभी, होता कोइ न मीत।
स्वजन बनाएँ दूरियाँ, रहते सभी सभीत॥

अति संघातक शत्रु हैं, क्रोध, लोभ, अज्ञान।
मानवता के प्राण हैं, नैतिकता अरु ज्ञान॥

अति क्रोधी मानव सदा, होकर शून्य विवेक।
नष्ट भ्रष्ट करता सभी, हों अपराध अनेक॥

हितकारी होता सदा, क्रोधहीन समभाव।
नेह मिले सबका उसे, नित्य बढ़े सद्भाव॥

□

विद्या

सभी धनों का जगत् में, जुगनू सा सम्मान।
पर पूरे संसार में, विद्या है दिनमान॥

अलंकार इस देह का, आभूषण, मत मान।
चंद्र सदृश चमके सदा, जग में विद्यावान॥

विद्या धन है गुप्त धन, मानव का सौंदर्य।
वरद सहायक धरा पर, प्राप्त करो धर धैर्य॥

विद्या है सुखदायिनी, सर्वोपरि संसार।
विद्या 'रवि' सन्मित्र है, जीवन का अभिसार॥

जिस मानव में लोभ अति, वह अवगुण की खान।
सत्कर्मों के साथ ही, पूजित विद्यावान॥

अलंकरण हो कीर्ति से, आभूषण सब व्यर्थ।
जहाँ सुविद्या ज्ञान हो, धन-पद खोता अर्थ॥

साक्षरता शिक्षा हुई, विद्या हुई विलोप।
इसीलिए 'रवि' हो रहा, संस्कारों का लोप॥

विद्या कहते हैं, उसे मिले ब्रह्मगति धाय।
ज्ञान वही जो कर सके, पुण्य विमुक्ति प्रदाय॥

विद्या अनुरागी सदा, सत्य मार्ग ही जाय।
सदाचार के पथ चले, सज्जन वर कहलाय॥

वैभव का सम्मान जहँ, विद्या का अपमान।
राज्य नष्ट हो सहज ही, कहता विज्ञ विधान॥

चोर चुराए धन सभी, या घाटा हो जाय।
विद्या धन के योग से, पुनि-पुनि धन को पाय॥

'विद्या' बंधु समान है, नेह पात्र है 'पूत'।
'व्याधि' शत्रु के सदृश है, 'दया' धर्म की दूत॥

जरा मृत्यु को भूलकर, विद्या को जो पाय।
यश-गौरव मिलता उसे, जन्म सफल हो जाय॥

धन से भी अति श्रेष्ठ है, विद्यादान प्रधान।
देने से प्रतिपल बढ़े, विद्या की पहचान॥

मानित देश-विदेश में, होता विद्यावान।
प्रियवादी भी जगत् में, चहुँदिस पाता मान॥

शक्ति अपरमित तन रहे, किंतु बुद्धि ना होय।
दुरुपयोग कर शक्ति का, देता सबकुछ खोय॥

□

शुचिता

करे मनुज सत्याचरण, कल्मष मन के धोय।
सूक्ष्म दृष्टि मिलती तभी, जब निर्मल मन होय॥

वाणी शुचिता सत्य से, मन शुचिता सद्ज्ञान।
काया गुरु सान्निध्य से, शुद्धि सनातन जान॥

अगर नहीं मन शुद्ध तो, शास्त्रों का यह सार।
पूजा, सेवा, दान, तप, तीर्थ सभी बेकार॥

अगर आचरण शुद्ध हो, धार्मिक हो व्यवहार।
मानव का होता तभी, शुचि आहार-विहार॥

ज्ञान-धर्म, अपवर्ग सुख, निर्मल मन से होय।
सतत साधना दे सके, निर्मलता मल धोय॥

श्रुतियाँ-स्मृति-उपनिषद्, शास्त्र ज्ञान सब व्यर्थ।
निर्मल मन यदि नहिं हुआ, होता घोर अनर्थ॥

राग-द्वेष से विरत जो, सर्व हितैषी भाव।
निर्मल मन के व्यक्ति का, होता यही स्वभाव॥

देव-संत-गुरुजन-गुणी, की सेवा में ध्यान।
सत्य-अहिंसा-शुचि-क्षमा, 'रवि' तन के तप मान॥

सौम्य भाव अरु मुदित मन, मौन हृदय शुचि भाव।
आत्मनिरीक्षण संयमन, मन तप केर प्रभाव॥

जीवन अगम अगाध नद, धर्म रूप है सेतु।
वही पार कर पाय जिन, धर्म वृत्ति शुचि हेतु॥

शुद्ध न हो अंत:करण, बाह्य शुद्धि बेकार।
जैसे फल हो नीम का, कड़ुवापन ही सार॥

नहीं भार होता कभी, निर्मलमना समर्थ।
व्यवसायी जो कुशल हो, दूरी आँके व्यर्थ॥

निर्मल होय न मन अगर, दान-तीर्थ सब व्यर्थ।
सेवा-पूजा कर चले, यदि कुपंथ, क्या अर्थ॥

निर्मल मन सबसे सबल, प्रभु भी हों आधीन।
शुद्ध न हो अंत:करण, वे नर हीन मलीन॥

चित्त निरोध प्रबोध मन, सहज सुकर्मी होय।
करे दिव्य अनुभूति वह, मल अंतस का धोय॥

कीचड़ धोने से सरल, रहो कीच से दूर।
'रवि' निर्मलता से सहज, मिलते सुख भरपूर॥

शोभा देता है सदा, कीचड़ रहित तड़ाग।
और न मन को मोहता, बिना फलों का बाग॥

बुद्धि अगर हो पास तो, व्यक्ति शक्ति पा जाय।
बुद्धिहीन नर जगत् में, सबकुछ देत नसाय।

रथ शरीर, आत्मा रथी, मानो मनहिं लगाम।
बुद्धि सारथी मान लो, कर्म होय निष्काम॥

बुद्धि रूप दीपक जले, तेल साधना रूप।
शुचि विवेक की वर्तिका, मन तब आत्मस्वरूप॥

□

शील

विद्या भूषण मनुज का, परमाभूषण सत्य।
शील सभी में श्रेष्ठ है, गर्हित होत असत्य॥

मनसा, वाचा, कर्मणा, नहीं किसी से द्वेष।
सहज दान, अनुराग मन, गुण ये शील विशेष॥

शीलहीन रावण यथा, यद्यपि ज्ञानी राव।
असुर राज कहते सभी, निंदित शील-अभाव॥

उत्तम कुल में जन्म ले, शीलवान ना होय।
कुल के लिए कलंक वह, देता कीर्ति डुबोय॥

शीलवान कहते जिसे, ऋषि-मुनि, ज्ञानीवृंद।
यश पाए इस जगत् में, चमके ज्यों नभ चंद॥

वैभव-सुख अरु स्वर्ग की, पाले जो अभिलाष।
शील सदा रक्षण करे, सत् पर कर विश्वास॥

अनुपम सुख-संतोष में, शांति सुमति की खान।
धर्म सहज ही आचरित, बनता व्यक्ति महान॥

यश-वैभव अरु स्वर्ग का, जो चाहे आनंद।
शील सदा रक्षा करे, बुद्धिमान सानंद॥

जीवन में यदि शील है, फिर सबकुछ है व्यर्थ।
शील बिना इस जगत् में, जीवन का क्या अर्थ॥

□

त्याग

वेद कहें त्यागी पुरुष, रहे सदा निष्पाप।
सदाचरण में रत रहे, बढ़ता पुण्य प्रताप॥

त्यागी को सुख-शांति का, प्रभु से है वरदान।
चहुँदिस सुयश-सुगंध हो, जग देता अति मान॥

राग-द्वेष से विरत 'रवि', त्यागी हो शुभ योग।
जन्म-मरण से मुक्त-भय, दूर रहे अति भोग॥

त्यागी मानव के लिए, धन-वैभव भ्रमजाल।
जीवन जन कल्याणमय, शूर-वीर प्रतिपाल॥

त्यागे मैल समान धन, होय विरक्त स्वभाव।
त्यागी का संसार में, रहता अमिट प्रभाव॥

परम शक्ति संतोष है, कर्म-मर्म सत्संग।
सद्विचार ही ज्ञान वर, ईश्वर परम प्रसंग॥

हृष्ट-पुष्ट हाथी रहे, खाकर सूखी घास।
रूखा-सूखा खाय मुनि, मन संतोष सुवास॥

भोग अभीष्ट न मनुज का, त्याग अभीष्ट सुजान।
जन्म मनुज का भाग्य है, तू इसको पहचान।

त्यागपूर्वक भोग कर, भाव सर्व कल्याण।
ऐसे मानव करें 'रवि', दीनों का परित्राण॥

□

दया

दया बिना सब व्यर्थ है, धर्म-कर्म अरु ध्यान।
जैसे सेनापति बिना, सेना हो यह जान॥

जहाँ दया का भाव हो, पालन होता धर्म।
निष्ठुरता से जन्म ले, निश्चित घोर अधर्म॥

क्षमा सदृश कोइ तप नहीं, सुख-संतोष समान।
तृष्णा सम कोइ रोग नहिं, धर्म न दया समान॥

दया नहीं जिस हृदय में, उसको वेद, अवेद।
विगत धर्म आचरण से, भूले भेद-अभेद॥

रूप बिना लावण्य के, विद्या बिना शरीर।
धर्म न शोभित दया बिन, जिमि तड़ाग बिन नीर॥

वेद न सब नर पढ़ सकें, नहीं यज्ञ अभिषेक।
किंतु दया का धाम जो, धर्मशील अरु नेक॥

धर्म अहिंसा मूल है, हिंसा घोर अधर्म।
दया प्राणियों पर करें, पालन होता धर्म॥

दयाभाव का लोप हो, होता धर्म अधर्म।
निष्फल होते कर्म सब, नहीं जहाँ पर धर्म॥

इच्छित फलदाता दया, सेवन करो सुजान।
हृदय भरे करुणा अमित, होवें कर्म महान॥

जिस मानव का हृदय हो, करुणा का आगार।
धर्म स्वयं हो आचरित, शुचि जीवन का सार॥

जीवों पर करुणा करे, जन्म सफल हो जाय।
सुख की निधि मिलती उसे, मान जगत् में पाय॥

शिक्षा, दीक्षा, ज्ञान, तप, ध्यान, मौन सब व्यर्थ।
दया न जिस मानव हृदय, करता घोर अनर्थ॥

खानदान मनुजत्व में, मानवता-संसार।
धर्म-धारणा वंश में, दया धर्म का सार॥

□

आपद्धर्म

मौत खड़ी यदि सामने, आपद्धर्म निभाय।
रक्षा तत्क्षण धर्म है, रीति-नीति बिसराय॥

जीवन रक्षा के लिए, 'रवि' सब उचित प्रयास।
करो बिना संकोच तुम, सम्मुख विपति विनाश॥

अगर परिस्थिति विषम हो, मन में करो विचार।
कहे आपदा धर्म यह, कर्म समय अनुसार॥

मर्यादा होती नहीं, हो विपत्ति का काल।
आपद्धर्म निभाइए, कटे कष्ट का जाल॥

'रवि' विपत्ति के समय जो, खुद ही बने सहाय।
चाहे ना प्रतिदान जो, मानव वही कहाय॥

देखे संकटकाल में, दुःखी, और संसार।
अपने दुःख को न्यून लख, हो विपत्ति से पार॥

उचित उपाय प्रयोग कर, करे कार्य की सिद्धि।
संकट कटे उपाय से, जग में मिले प्रसिद्धि॥

संकटकाल प्रभाव से, अरु प्रभाव अज्ञान।
मार्ग न मिलता मुक्ति का, यह शास्त्रोक्त प्रमाण॥

संकट विकट समक्ष हो, करें न धन का लोभ।
लोभ किए असफल हुए, मिटे न मन का क्षोभ॥

यदि उपाय जाने मनुज, याकि सीख विद्वान।
संकट से उद्धार हो, सफल प्रयोजन जान॥

जो विपत्ति के समय भी, करे धर्म व्यवहार।
संकट कटते सहज ही, मिले सभी का प्यार॥

दूर दृष्टि से भाँप ले, हो संकट आसन्न।
शमन-शक्ति अर्जित करे, नृपति बुद्धि संपन्न॥

□

दान

बिनु माँगे खुद समझकर, देते दान महान।
माँगे से सहयोग दें, मध्यम उनको जान॥

धनी बड़े पापिष्ठ वे, संग्रह में दिन-रात।
दान न देते रंच भी, देते काँपे गात॥

निर्धन अगर सुपात्र हो, उसको दान महान।
हो उत्कर्ष समाज का, दानी को अति मान॥

करे न संचय सत्पुरुष, ये वैदिक संदेश।
जो अतिशय संग्रह करे, चोर साधु के वेश॥

जैसे जल के योग से, बीज वृक्ष बन जाय।
पुण्य-वृक्ष वट वृक्ष हो, दान योग को पाय॥

सबल व्यक्ति के योग से, निर्बल भी तर जायँ।
पुल से जैसे चींटियाँ, नदी पार कर जायँ॥

स्वर्ग प्राप्ति हो दान से, सुख का कोष प्रदाय।
पूजित दानी जगत् में, कीर्ति केतु लहराय॥

स्वर्णाभूषण मिथक हैं, कर का भूषण दान।
सत्याभूषण कंठ का, शास्त्राभूषण कान॥

धर्म-समन्वित धन मिले, समुचित हो परिदान।
सही समय सद्पात्र को, न्यायपूर्वक दान॥

मात-पिता-गुरु-मित्र को, संस्कारी शुचि लोग।
दीन-अनाथ-सुपात्र को, दान सफल उपभोग॥

याची नहीं सुपात्र यदि, दान कभी ना देय।
धन, समाज की हानि हो, होता खुद भी हेय॥

यज्ञकुंड की भस्म पर, ज्यों घृत-आहुति व्यर्थ।
त्यों कुपात्र को दान से, होता घोर अनर्थ॥

वरदाता वह जगत् में, मानसहित दे दान।
विज्ञापन भी ना करे, चाहे न प्रतिदान॥

मोक्षदायिनी शक्ति दे, ऋद्धि-सिद्धि का दान।
धर्म-कर्म सब पुष्ट हो, सत्य सुकीर्ति विधान॥

दिया हुआ जो छीन ले, नहीं योग्य दातार।
ऐसे दाता से कभी, करो न 'रवि' मनुहार॥

दान ख्याति देता सहज, सुखी करे संसार।
हित-चिंतक 'रवि' व्यक्ति को, मिलती प्रीति अपार॥

दान करे धन-संपदा, तुलना नहीं समान।
है महान् इस धरा पर, जो दे जीवन दान।

बुद्धिमान संसार में, जो करते हैं दान।
संग्रह में ही लीन जो, चोर उन्हें तू मान॥

हैं समाज के चोर वे, इस धरती के भार।
अतिशय संग्रह जो करें, छीनें परअधिकार॥

रोगी को औषधि मिले, निर्धन को घर-द्वार।
भूखे को रोटी मिले, परमारथ का सार॥

सद्गुण भी विकसित करे, लक्ष्मीदायक जान।
आयुष, बल, मति भी मिले, मोक्ष रूप है दान॥

भौतिक धन-संपत्ति के, अगणित हैं दातार।
अभयदान जो दे सकें, ऐसे कम सरदार॥

धन की गतियाँ तीन हैं, दान, भोग अरु नाश।
दान-भोग यदि ना किया, धन का होय विनाश॥

कृपण प्राण की तरह ही, धन को रखे सँभाल।
मल सम त्यागे संत धन, मानें मायाजाल॥

नीर न निकले कूप से, तो तन के प्रतिकूल।
धन यदि संचित ही रहे, नहिं समाज अनुकूल॥

जग में वह सच्चा धनी, देता निज कर दान।
मरे धनिक तो सुत तिया, करते कुमति विधान॥

दाता बनकर जो जिया, वही श्रेष्ठ कहलाय।
जो संग्रह में रत रहा, पतन सुनिश्चित पाय॥

□

सत्संग

सज्जन की संगति करे, दुर्जन होत सुजान।
लोहा चुंबक से मिले, चुंबक होत प्रमाण॥

सत्संगति सुरसरि सदृश, पापनाशिनी शक्ति।
ज्यों इच्छित फल देत है, कामधेनु की भक्ति॥

अज्ञानी-तम नष्ट हो, ज्ञानवान के संग।
पाप-ताप हरता सदा, सज्जन का सत्संग॥

अधम जनों का साथ यदि, सज्जन भी हो भ्रष्ट।
जैसे तपते लौह पर, नीर बूँद हो नष्ट॥

गरल मिला हो अमिय में, अंत उसी से होय।
सज्जन करें कुसंग यदि, तो नैतिकता खोय॥

नीर बूँद हो कमल दल, मोती सा आभास।
दुर्जन भी सज्जन दिखे, हो सज्जन के पास॥

पुण्य स्वाति नक्षत्र में, एक बूँद जल आय।
गिरे सीप के मुख अगर, वह मोती बन जाय॥

बुरा व्यक्ति संयोग से, शोभा को पा जाय।
अंजन सुंदरि नयन में, ज्यों शोभा को पाय॥

महिमा शुचि सत्संग की, गाते कवि ऋषिवृंद।
दिव्य शक्ति तम हरण की, ज्यों प्रकाश रवि चंद॥

पुष्प कभी लेता नहीं, ज्यों माटी की गंध।
पर माटी लेती सहज, सुमन सुवास सुगंध॥

'रवि' निश्चित सत्संग से, दुर्जन सज्जन होय।
साधु कुसंग प्रभाव से, सज्जनता ना खोय॥

कामधेनु, चिंतामणी, इच्छित वस्तु दिलाय।
सत्संगति से व्यक्ति को, स्वत: सभी मिल जाय॥

औषधि परम विकार की, सत्संगति को जान।
मानव जीवन के लिए, विष कुसंग है मान।

सुमन संग धागा मिले, कंठ पड़े भगवान।
पर धागा हो जाल में, पाँव कुचलता जान॥

लाभ, लाभ दे लाभ दे, गुणवानों का संग।
घोर हानिकारक सदा, नर यदि करे कुसंग॥

कुमति दूर कर, चित्त को निर्मल करे सुसंग।
करुणा का विस्तार कर, मंगल देत अभंग॥

जन्म–मरण के चक्र से, देता जो विश्राम।
साधु संग से मन सदा, होता पूरण काम॥

नश्वर तन की सोच से, अगर मुक्ति मन पाय।
मिले शांति की निधि उसे, सत्संगति में जाय॥

धूर्त पुत्र, नारी, सचिव, किसी नृपति के संग।
राज्य नष्ट हो नृपति का, शांति प्रजा की भंग॥

सज्जन की संगति सहज, जड़ता देय मिटाय।
वाणी में सत् सींचती, कीर्ति ध्वजा लहराय॥

कीचड़ जिसके हाथ में, देगा कीचड़ दान।
जिसके कर सुरभित सुमन, दे सुगंध प्रतिदान॥

इत्र लगाए व्यक्ति से, जैसे मिले सुगंध।
त्यों सज्जन के संग से, कटें जगत के बंध॥

□

परोपकार

वृक्ष धन्य हैं जगत् में, पर-उपकार स्वभाव।
राग-द्वेष बिन दान दे, परहित भाव-प्रभाव॥

वृक्ष फलों के साथ ही, प्राणवायु भी देत।
किंतु जगत् में स्वयं हित, रंच पदारथ लेत॥

जिए सदा अपने लिए, नहीं बने इतिहास।
जो परहित जीवन जिए, विस्तृत यश आकाश॥

जो परोपकारी मनुज, आदत में ढल जाय।
सहज करे उपकार वह, सभी स्वार्थ बिसराय॥

जन-जन के हित के लिए, वृक्ष छाँव-फल देत।
गाय दूध देती हमें, कुआँ-नदी जल देत॥

इसी तरह तन मनुज का, यदि उपकारी होय।
मानवता का हेतु यह, जग आभारी होय॥

हैं महान् वे जगत् में, परहित करें सुकर्म।
दीन-हीन के दुःख हरें, जीवन सेवा-धर्म॥

पर उपकारी जो नहीं, जीता मृतक समान।
मृत्यु अगर उपकार में, तो वह दिव्य महान॥

धन-वैभव-यश प्राप्त कर, जो विनम्र बन जाय।
पर उपकारी वृत्ति का, जन ही ये कर पाय॥

सद्ग्रंथों का मर्म यह, सुनिए प्रज्ञ सुजान।
पर-पीड़ा है पाप अति, परहित, पुण्य महान॥

सूर्य, चंद्र, बादल, नदी, धेनु, प्रकृति अरु संत।
परमारथ की सीख दें, कहते हैं सद्ग्रंथ॥

चर्म मृतक पशु से मिले, मिले जीव आहार।
विरत मनुज उपकार से, मृत पशु से बेकार॥

संग्रह करे न रत्न जो, रत्नाकर धनवान।
और न मलयागिरि करे, चंदन यही प्रमान॥

वृक्ष न खाते फल कभी, नदी न पीती नीर।
परमारथ के ही लिए, सज्जन केर शरीर॥

मेघ नीर देता सदा, आसमान में धाम।
सिंधु सदा संग्रह करे, पाताली गतिमान॥

सत्पुरुषों का धन सदा, परमारथ में जाय।
मान मिले इस जगत् में, मोक्ष सहज ही पाय॥

सभी प्राणियों पर सदा, करता जो उपकार।
निश्चित उस नरश्रेष्ठ को, मिलती कीर्ति अपार॥

याचक अगर सुपात्र हो, कभी न करो निराश।
अमिट मान इस जगत् में, कट जाए भव-पाश॥

श्वान जीभ से चाटता, नीर गले तक होय।
कृपण करे उपयोग धन, बार-बार दे रोय॥

पर दुःख से जो दुःखी हो, देते हैं सहयोग।
साधु-वृत्ति के लोग वे, वर जीवन का योग॥

निज के लिए न जो जिया, उसका जीवन धन्य।
शुद्ध आत्मा उसी की, प्रभु का वही अनन्य॥

केवल अपने हित जिए, नहीं मनुज का धर्म।
जो सबके हित में जिए, मानवता का मर्म॥

जो खुद के हित ही जिया, महा अधम कहलाय।
परहित जिसका ध्येय हो, जन्म सफल हो जाय॥

अवलोकन कर स्वयं का, व्यापक दृष्टि पसार।
परमारथ में रत रहे, निश्चित हो उद्धार॥

सदाचार व्यवहार में, सहज मनुज के आय।
परहित जीवन वह जिए, अंत परमगति पाय॥

परहित जीवन जो जिए, उसका जीवन धन्य।
मान मिले इस धरा पर, प्रभु का होय अनन्य॥

राग कमल को दिवस से, सूर्य दिवस को लाय।
लाभ-हानि को छोड़कर, परहित व्यसन बनाय॥

अपकारी जो मनुज हैं, पर-पीड़ा जिन हेतु।
नर पिशाच वे जगत् में, मानवता के केतु॥

परहित जिए सदैव ही, अहंकार को त्याग।
साधु वही जिसके हृदय, सबके प्रति अनुराग॥

परमारथ में जो करे, धन का खर्च विधान।
यश-सुख मिलता जगत् में, मोक्ष सुनिश्चित जान॥

□

ज्ञान

ज्ञान धर्म का मर्म है, संस्कृति धर्म अधार।
धर्महीन पशु तुल्य हैं, धरती के वे भार॥

दो प्रकार का ज्ञान 'रवि', जानो धी अनुमन्य।
एक शब्दगत ज्ञान है, दूजा अनुभवजन्य॥

ज्ञान शब्दगत आचरण, करता नहीं पवित्र।
अनुभव से जो जन्म ले, निर्मल होय चरित्र॥

करे पर्यटन सतत जो, शुश्रूषा विद्वान।
तत्त्व-ज्ञान करता श्रवण, बढ़ता उसका ज्ञान॥

सभी न सबकुछ जानते, ना कोई सर्वज्ञ।
सदा रहे जिज्ञासु 'रवि', हो जाता वह विज्ञ॥

अल्प समय में ज्ञान का, मिले न 'रवि' भंडार।
श्रवण-अध्ययन मनन से, मिले ज्ञान संसार॥

ज्ञान सदा देता हमें, निर्भयता का दान।
ज्ञानवान ही जगत् में, पाता है सम्मान॥

ज्ञान सुपावन धरा पर, जग का खेवनहार।
ज्ञान साधना से मनुज, हो भवसागर पार॥

ज्ञान मित्र है मनुज का, सत् पथ पर ले जाय।
परमतत्त्व को जानकर, दिव्य शांति 'रवि' पाय॥

ज्ञान मार्ग अति कठिन भी, असि की पैनी धार।
सावधान होकर चले, तो ही होवे पार॥

परम ज्ञान के मार्ग में, बाधक बनता तर्क।
संयम-श्रद्धा से मिले, प्रज्ञा औषधि अर्क॥

परम ज्ञान को प्राप्त कर, मानव बने महान्।
पाए सारी सिद्धियाँ, मिलें सहज भगवान्॥

सावधान हो जो करे, ज्ञानपंथ प्रस्थान।
आत्म-तत्त्व का बोध हो, परम-तत्त्व का ज्ञान।

ज्ञान बुद्धि का तत्त्व है, सफल कर्म आधार।
ज्ञान मनुज को दे सके, मन वांछित अभिसार॥

कर्म-शक्ति का ज्ञान से, होता अतुल विकास।
ज्ञान कर्म के योग से, जीवन भरे प्रकाश॥

राग-द्वेष के रोग को, करता ज्ञान विनष्ट।
परम ज्ञान की प्राप्ति से, मिटते जीवन कष्ट॥

ज्ञान मनुज के यत्न से, मिले ब्रह्म भी यत्न।
आलोकित हो मनुज तब, चमके ज्यों नवरत्न॥

ज्ञान बिना 'रवि' मुक्ति नहिं, नहीं मनुज कल्याण।
मानवता का मूल है, ज्ञान धर्म का प्राण॥

जो रहस्य ब्रह्मांड के, सुलझाता सब ज्ञान।
व्यष्टि-सृष्टि-परमेष्टि का, देता सम्यक् भान॥

दिव्यदृष्टि दे मुनज को, द्रष्टा बने मनुष्य।
ज्ञान मिलाए ब्रह्म से, दिखे सूक्ष्म अदृश्य॥

सिद्ध करे ना तर्क से, हो चिंतन के पार।
तर्क समापन हो तभी, प्रकटे ज्ञान अपार॥

तत्व ज्ञानियों का जहाँ, होता है सम्मान।
संस्कारों की निधि वहाँ, और पुण्यतम ज्ञान॥

भाव-कला-साहित्य बिन, कहता ज्ञान प्रमान।
बिना पूँछ अरु सींग के, नर पशु मृतक समान॥

मानव का सबसे बड़ा, शत्रु एक अज्ञान।
बोध-भानु अज्ञान के, हर लेता है प्रान॥

दोनों एक समान हैं, लोभ और अज्ञान।
इनके अमिट प्रभाव से, चकरी सम इन्सान॥

अति संघातक शत्रु है, इस जग में अज्ञान।
अग-जग को ज्योतित करे, ऋषियों का शुचि ज्ञान॥

अल्प ज्ञान करता सदा, मिथ्या तर्क-वितर्क।
अंधकार मन का हरे, श्रुति, संस्मृति मधुपर्क॥

व्याप न जाने सिंधु का, कूप पड़ा मंडूप।
त्यों अल्पज्ञ न जानता, वरद ज्ञान का रूप॥

ब्रह्मा तुष्ट न कर सकें, दुराग्रही अल्पज्ञ।
मानव की औकात क्या, पूर्ण असंभव प्रज्ञ॥

हो प्रसन्न मूरख सहज, सहज मुदित विद्वान।
किंतु अल्पज्ञानी कठिन, अहंकारयुत जान॥

घातक होता है सदा, हाथी ज्यों मदमस्त।
उसी तरह अल्पज्ञ भी, अहंकार में ग्रस्त॥

दुराग्रही अल्पज्ञ का, दुःखद सदा सहवास।
उससे तो अतिश्रेष्ठ है, पशुओं के सँग वास॥

ज्ञानी वह जो धर्म को, सहज करे स्वीकार।
धर्म-प्रवण मानव सदा, पाए जग सत्कार॥

कुशल जौहरी ही करे, रत्नों की पहचान।
इसी तरह सर्वज्ञ ही, करे प्रज्ञ का मान॥

□

कर्म

श्रम को जिसने पा लिया, मिले उसे आनंद।
जो निष्कामी हो गया, उसको परमानंद॥

काल-भाल पर कर्म से, लिखते गाथा वीर।
विजय सुनिश्चित जगत् में, उद्यमता रणधीर॥

कर्म करे निष्काम मन, वह ही नर विद्वान।
कर्मयोग में निपुण जो, योगी उसको जान॥

वाणी के जो वीर हैं, करते कभी न कर्म।
कलियुग के वेदज्ञ जो, है कुतर्क ही धर्म॥

भाग्य न कुछ है जगत् में, कर्म प्रधान प्रमाण।
कर्म रूप ही फल मिले, कहते शास्त्र-सुजान॥

कर्म मनुज का धर्म है, उस पर ही अधिकार।
फल ईश्वर आधीन है, मिलता श्रम अनुसार॥

ऋषियों का है मत यही, देते शास्त्र प्रमाण।
भाग्य भाग दो इस तरह, संचित अरु क्रियमाण॥

लेखा-जोखा से सदा, ज्यों होता व्यापार।
उसी तरह निज कर्म का, लेखा हो तैयार॥

आय अधिक यदि खर्च से, व्यापारी संपन्न।
खर्च अधिक यदि आय से, निश्चित वणिक विपन्न॥

करे सुकर्म मनुष्य तो, पूँजी 'पुण्य' बढ़ाय।
यदि कुकर्म हों अधिक तो, पुण्य-लाभ घट जाय॥

संचित का परिणाम ही, जन्म सुनिश्चित जान।
कर्म बिना जो भी मिले, उसका ही प्रतिदान॥

जन्म परिस्थितियाँ सभी, संचित के अनुसार।
कर्म योग्यता प्राप्ति तक, उसका ही अभिसार॥

है प्रधान इस जगत् में, कर्म कहें सब लोग।
सभी कर्म अनुसार ही, जग में भोगें भोग॥

फिर कुकर्म सत्कर्म का, लेखा-जोखा होय।
फसल वही काटे मनुज, जैसा जो भी बोय॥

जिन कर्मों के किए से, पालन होता धर्म।
तज संकोच सुदीर्घ मन, करिए सारे कर्म॥

कल पर छोड़ें काम जो, अकर्मण्य कहलायँ।
वे विकास की दौड़ में, पीछे ही रह जायँ॥

अकर्मण्य जन भाग्य का, लेत सहारा जान।
कर्मशील नर कर्म कर, लेते फल अनुमान॥

भावी बाधा से डरें, करें न नव अभियान।
कर्महीन कहते उन्हें, जीवन धूल समान॥

शुरू करें नव योजना, बाधा से डिग जाय।
ऐसे नर इस जगत में अधम सदा कह लायँ॥

बाधाओं से भीत हो, छोड़े जो नर काम।
असफल कहता जग उसे, होत कलंकित नाम॥

बाधाओं से जूझ कर, करे योजना पूर्ण।
संकल्पी कहलाय वो, मान मिले परिपूर्ण॥

विरत रहें निज कर्म से, 'हरि इच्छा' यह बोल।
प्रभु के वे अभियुक्त हैं, समझ नयन निज खोल॥

पूर्ण योजना का करें, पहले विशद विचार।
वित्त-चित्त-सामर्थ्य-श्रम, के अनुसार प्रसार॥

कर्म करे निर्लिप्त मन, लेकर विजयी भाव।
लक्ष्य सुनिश्चित ही मिले, फल का यही स्वभाव॥

पहले जन्मे सोच मन, फिर योजकता होय।
उसी तरह से सृजन हो, जो कल्पकता होय॥

पूरा चिंतन फलित का, करता है विद्वान।
कार्ययोजना भी गढ़े, फल भी सोच समान॥

असफलता में हे स्वजन! कारक कभी न भाग्य।
मनोयोग पूरा नहीं, यह तेरा दुर्भाग्य॥

आए संकट की घड़ी, पर मन पाप न आय।
करे कर्म ऐसा मनुज, संकट सहज नसाय॥

नहीं समझते मूर्ख जन, समय चक्र का मर्म।
पाप कमाएँ रात-दिन, करके घोर कुकर्म॥

पूरे मन-संकल्प से, करता जो निज कर्म।
मिले सफलता उसे ही, सद्ग्रंथों का मर्म॥

अमृत मिले या रत्नगिरि, रुकते नहीं प्रवीर।
विष-बाधा से अडिग रह, कर्म करें रणधीर॥

जन्म-मरण आधीन प्रभु, नहीं मनुज अधिकार।
सतत कर्म में रत रहे, फलित कर्म अनुसार॥

कर्ता का गुण प्रकट हो, कर्मों के अनुसार।
अगर कर्म से हीन नर, यश का नहीं प्रसार॥

नहीं निरापद कर्म सब, सब में ही अवरोध।
कर्म करे पूरा मनुज, अनुचित-उचित प्रबोध॥

खुद का पौरुष आँककर, पूर्ण करे नर काम।
औरों के बल पर करे, दुःखद होय परिणाम॥

नहीं प्रयोजन सफल हो, यदि न करें हम कर्म।
दृढ़ संकल्पी नर सदा, कर्म मानता धर्म॥

करे कर्म आरंभ नर, फल तक भी पहुँचाय।
यश-गरिमा में वृद्धि हो, मनचाहा फल पाय॥

सिद्ध मनोरथ हो तभी, कार्य करे चितलाय।
समारंभ ही ना करे, फलित कहाँ से पाय॥

सुख पाने के लिए ही, मानव करता कर्म।
यदि मन में संकल्प दृढ़, सिद्धि तभी, यह मर्म॥

कर्ता हो यदि कुशल तो, सबसे पाता मान।
मिलता यश-ऐश्वर्य भी, कहलाता विद्वान॥

बीत न जाए समय 'रवि', कर डालो सब काम।
मूल्यवान है हर घड़ी, करो कर्म निष्काम॥

विजय चाहता जगत् में, कर्म करे अविराम।
कर्मशील नर को मिले, मनचाहा परिणाम।

योग्य कर्म कर समय पर, फलित मिले अनुकूल।
करे अन्यथा कर्म नर, 'रवि' फल भी प्रतिकूल॥

मनोयोग से कर्म कर, फलित कर्म अनुसार।
मनचाहा क्योंकर मिले, नहिं फल पर अधिकार॥

हितकारी सत्कर्म से, हो मानव कल्याण।
फल मिलता अनुकूल 'रवि', शुद्ध रहें मन-प्राण॥

कारण कर्म विकास का, कारण कर्म विनाश।
सुख-दुःख भी अनुसार ही, जीवन कर्म प्रकाश॥

पूरे सभी न कार्य हों, शाश्वत सच 'रवि' जान।
बहुतायत में सफल यदि, स्वागत योग्य सुजान॥

'रवि' टिकता है भाग्य तब, मनुज करे सत्कर्म।
मानव के सत्कर्म से, शक्तिमान हो धर्म॥

जीवन गतिमय कर्म से, विश्व कर्म आधीन।
करे कर्म निष्काम मन, मानव वही प्रवीन॥

कर्म प्रमुख है विश्व में, कर्म जीविकाधार।
अनासक्त हो कर्म कर, हो मानव उद्धार॥

परिचय देता कर्म ही, मानव का व्यक्तित्व।
सतत कर्म निर्वाह से, प्राणी का अस्तित्व॥

भ्रष्ट सुनिश्चित हो मनुज, करता अगर कुकर्म।
खोता यश-वैभव सभी, डूबे घोर अधर्म॥

उचित समय पर ना करे, जो अनुकूलित कर्म।
जीवन में दुःख भोगता, शास्त्रों का यह मर्म॥

कर्म करे से ही मिले, प्रिय-अप्रिय परिणाम।
निष्फल जीवन मनुज का, करे न जो कुछ काम॥

करें काम चिंतन बिना, वे अविवेकी लोग।
मान कभी ना मिल सके, यश से रहे वियोग॥

वैभव-लज्जा-कीर्ति-श्री, कर्मशील के पास।
रहता सदा अभाव में, जो आलस का दास॥

करना हमको कर्म जो, पहले करो विचार।
फिर संकल्पित हो करो, अपने को तैयार॥

कार्यकुशल ऋजु के लिए, यही सफलता मंत्र।
उचित समय पहचान ले, समुचित-सुगठित तंत्र॥

दक्ष व्यक्ति का जगत् में, पग-पग हो सम्मान।
मनचाहा मिलता उसे, जग माने प्रतिमान॥

कार्यकुशल के कर्म में, मुखरित हो कल्याण।
'मैं' से 'हम' की चेतना, ऋजु कर्मों का प्राण॥

उपादान प्रभु-शक्ति का, भू पर मनुज शरीर।
निश्चित जो सत्कर्म हैं, पालन करें प्रवीर॥

परिभाषा सत्कर्म अरु, दुष्कर्मों की जान।
सद्ग्रंथों में विहित है, पढ़ो बनो प्रतिमान॥

सभी धर्म सत्कर्म हैं, सभी कुकर्म अधर्म।
सत्य यही प्रज्ञा कहे, सद्ग्रंथों का मर्म॥

दूर दृष्टि संकल्प से, करता जो जन कर्म।
सफल सदा होता वही, कर्म धर्म का मर्म॥

जगकर जो सपने बुने, फिर ले जो संकल्प।
हों सपने पूरे सभी, पूरे सभी प्रकल्प॥

सपने सच्चे वो नहीं, जो सोने पर आयँ।
सच्चे सपने हैं वही, जगकर देखे जायँ॥

जन-कल्याणी भाव से, करता जो सत्कर्म।
नर पुंगव वह जगत् में, आभूषण शुचि धर्म॥

शुभ कर्मों से मनुज का, होता है संस्कार।
जरा-मृत्यु, भय, रोग से, आत्मा का उद्धार॥

करें प्रशंसा लोग सब, मानित सर्व समाज।
कर्म करो कुछ इस तरह, करे वंश भी नाज॥

कीर्ति मुदित नर्तकी सम, करती चहुँदिस नृत्य।
वंदित होते जगत् में, मानवता के कृत्य॥

योग्य कर्म को करे जो, मनोयोग के साथ।
इच्छित फल मिलता उसे, कृपा मिले रघुनाथ॥

अहंकार से रहित हो, काम करे निष्काम।
जीवन उस का सफल हो, तन हो पावन धाम॥

सूर्योदय के पूर्व ही, निश्चित करिए काम।
क्रिया उसी अनुसार तो, मिलता प्रिय परिणाम॥

तन की क्षमता आँककर, तय करता जो कर्म।
निश्चित प्रिय फल ही मिले, फल का 'रवि' यह मर्म।

सोचा हुआ मनुष्य को, मिले न यदि परिणाम।
असफलता का दोष हो, श्रमनिष्ठा के नाम॥

पुनि-पुनि करके आकलन, कर्म-क्रिया-विधि केर।
कर्म हेतु सन्नद्ध फिर, बनत न लागे देर॥

अनुचित-उचित विचार कर, नियत करे जो कर्म।
यश-गरिमा मिलती उसे, पालन होता धर्म॥

जीवन भर चलता सदा, क्रिया कर्म का चक्र।
पराक्रमी से ना कभी, भाग्य दृष्टि हो वक्र॥

सदा रहे संलग्न 'रवि', कर्म हेतु कल्याण।
सफल मनोरथ हों सभी, हो स्वधर्म का त्राण॥

शुभ कर्मों में रत रहे, नर यदि आठों याम।
मनसा-वाचा-कर्मणा, हो जाता निष्काम॥

कर्म करे जैसा मनुज, फल उसके अनुसार।
बुद्धि कर्म का अनुसरण, करती प्रज्ञ विचार॥

अनुचित-उचित विचार कर, मनुज करे यदि कर्म।
सुफल मनोरथ हों सदा, अनुभव का यह मर्म॥

पूर्व जन्म के कर्म शुभ, पुण्य प्रभाव सुजान।
विपदा में रक्षा करें, करते शक्ति प्रदान॥

बिना विचारे कर्म का, होता दुष्परिणाम।
शूल-शूल सम देत है, होय कलंकित नाम॥

दुर्जन हो सज्जन स्वयं, मूर्ख होय विद्वान्।
सत्कर्मों की साधना, से हो व्यक्ति महान्॥

भाग्य न लिखता प्रभु कभी, सुन लो प्रज्ञ सुजान।
कर्म शक्ति देती हमें, श्रेष्ठ योनि इन्सान॥

अतुल तूलिका कर्म की, लिखे भाग्य का लेख।
अपने श्रम से खींच ले, निज उन्नति की रेख॥

कर्म धरा पर हे मनुज! ईश्वर का अवदान।
लिखो भाग्य अपना स्वयं, पाओ जग में मान॥

विजयी मन संकल्प से, जीत सके संसार।
दृढ़ मति से ही हो सके, सपने सब साकार॥

भय के आगे जीत है, कहते शास्त्र सुजान।
सब मिलता संकल्प से, अगणित पूर्व प्रमाण॥

भाग्य स्वयं के हाथ में, फलित कर्म अनुसार।
संकल्पित जो बढ़े पथ, प्रभु उस पर बलिहार॥

लिखा हुआ जो स्लेट पर, पहले उसे मिटाय।
साफ प्लेट पर 'रवि' सहज, मनचाहा लिख पाय॥

सत्य धर्म की नींव पर, श्रम से पाए अर्थ।
ऐसे धन से 'रवि' कभी, होता नहीं अनर्थ॥

अखिल विश्व में कर्म ही, 'रवि' प्रधान है जान।
कर्म करे जैसा मनुज, फल वैसा ही मान॥

धन-वैभव-उपभोग वर, कौशल का परिणाम।
कर्महीन-आलसी 'रवि', हो जाता गुमनाम॥

चाहें सुख आनंद सब, किंतु ना सुख मिल पाय।
मृग मरीचिका में फिरे, त्यों श्रम व्यर्थ गँवाय॥

□

उद्यम

उद्यम से ही जगत् में, मिली सभी को सिद्धि।
मात्र मनोरथ से कभी, मिलती नहीं प्रसिद्धि॥

जैसे सोते शेर का, ग्रास न बने शिकार।
श्रम करने से ही मिले, नाहर को आहार।

कहते अगणित लोग यह, समय बड़ा बलवान।
किंतु परिश्रम से सदा, मिलती विजय सुजान॥

उद्यम आश्रय जीव का, जीवन का सुखमूल।
उद्यम बिना न खिल सकें, मन में सुख के फूल॥

पौरुषवान मनुष्य का, उद्यम ही श्रृंगार।
श्रम से मानव कर सके, मनचाहा विस्तार।

जीवन के निर्वाह का, जग में श्रम आधार।
उद्यम वंचित व्यक्ति का, 'रवि' जीवन बेकार॥

प्रबल शत्रु आलस्य है, समझ इसे नादान।
उद्यम से जो दूर हो, मिले नहीं सम्मान॥

आलस से आती सदा, निर्धनता घर-द्वार।
फिर गुलाब की पँखुड़ी, सम बिखरे परिवार॥

निंदित होता आलसी, कुल की कीर्ति नसाय।
खुद डूबे अवसाद में, घोर उपेक्षा पाय॥

सफल न होता आलसी, पड़ा-पड़ा जो सोय।
फिरता है दारिद्रय में, पतन सुनिश्चित होय॥

सोता जो आलस्य में, हो जाता अति दीन।
धन-वैभव सब नष्ट हो, हो जाता श्रीहीन॥

मिले लाभ-कल्याण-श्री, हो मन में उत्साह।
जीवन में यदि रहे 'रवि', श्रम का सतत प्रवाह॥

पुरुषारथ की प्राप्ति भी, श्रम का ही परिणाम।
परिश्रमी ही हो सदा, जग में पूरण काम॥

श्रम के बिना न धन मिले, श्रम के बिना न धर्म।
धर्म बिना सुख ना मिले, सत्य जगत् में कर्म॥

कौशल का यदि साथ हो, श्रम निर्णायक होय।
'रवि' निश्चित फिर कर्म का, फल सुखदायक होय॥

देव करें श्रम-साधना, तब तक देव कहायँ।
डूबें यदि वे भोग में, पतन सुनिश्चित पायँ।

विजयी कौशल-श्रम सदा, होता है हर काल।
मानव श्रम से काट दे, संकट के सब जाल॥

□

नियमन

प्रभु-इच्छा से घूमती, धरती आठों याम।
उगे समय से अस्त हो, सूर्य-चंद्र का काम॥

उगते तारे अनगिनत, प्रतिदिन ही आकाश।
चंद्र-सूर्य प्रभु कृपा से, आकर करें प्रकाश॥

ज्यों निश-दिन संध्या-सुबह, सूर्य-चंद्र की चाल।
आयु घटे प्रतिदिन यही, जीवन-क्रम का हाल॥

सारा नियमन विश्व का, प्रभु के ही आधीन।
सृष्टि सभी लयपूर्ण है, जानो सुधी प्रवीन॥

फिर प्रभात, फिर रात्रि हो, उगे चंद्र-दिनमान।
घटे उम्र नित मनुज की, काल-चक्र गतिमान॥

सृष्टि प्रकृति की तरह ही, लयता में बँध जाय।
त्यों नर धर्मी हो अगर, मोक्ष सुनिश्चित पाय॥

जन्म-जरा अरु मृत्यु का, बार-बार दुःख होय।
प्राप्त 'मोक्ष' पुरुषार्थ कर, कलुष हृदय के धोय॥

मानव के कर्तव्य जो, पालन करे सहर्ष।
पालक वह निज धर्म का, कहता संत विमर्श॥

पंच तत्व में ही बँधा, व्यक्ति समष्टि विधान।
रखे संतुलन प्रभु सदा, मानव तू यह जान॥

क्षिति, जल, पावक, पवन, नभ, पाँच तत्व यह जान।
इनसे निर्मित सृष्टि सब, इनसे प्रकृति बिधान॥

□

नीति

चलें महाजन जिस डगर, कहते उसे सुपंथ।
करें पीढ़ियाँ अनुसरण, कहें सभी सद्ग्रंथ॥

जो अनीति से धन चहे, सेवा से जो मान।
भोग चाहते भीख से, उन्हें अभागा जान॥

पुस्तक-वनिता-वित्त यदि, औरों के कर जाय।
वापस आते फिर नहीं, याकि भ्रष्ट गति पाय॥

देश-काल-रिपु-मित्र, धन, सुस्थिति-शक्तिप्रभाव।
पूर्ण आकलन जो करे, यह विजिगीषु स्वभाव॥

सरस्वती-सत्कृपा-सत्, सत्ता-सुख-संस्कार।
दुर्लभ हैं इस जगत् में, सम्पति सहित 'स' कार॥

आयु वृद्धि-आरोग्य-बल, ओज और अनुराग।
सात्त्विक भोजन दे सदा, अंतर्बाह्य विराग॥

उतने पाँव पसारिए, जितनी लंबी पौर।
क्षमता से बाहर गए, बचे न जग में ठौर॥

'सेवा-कृपण', कुयोग-ऋण, नारि-वियोग सुजान।
निर्धनता-निंदा स्वजन, दाहे अग्नि समान॥

प्रात काल जल्दी जगे, चले-करे व्यायाम।
रहे निरोगी वो सदा, होवे पूरण काम॥

दूरी से अच्छे लगें, पर्वत-वेश्या-युद्ध।
पास रहें अच्छे लगें, तन-मन से जो शुद्ध॥

वस्त्र नए, नारी नई, नव गृह होय प्रवेश।
पर सेवक उनको रखे, परखा जिन्हें विशेष॥

पश्चिम की संस्कृति कहे, मात्र कमेरा खाय।
पर अपनी संस्कृति कहे, जो आए सो पाय॥

चिंता चिता समान है, गुनिए चतुर सुजान।
चिंतन फलदायक सदा, ज्ञानी की पहचान॥

भूख-नींद-सौभाग्य सुख, बल-सौंदर्य-स्वरूप।
बुद्धि और जीवन हरे, चिंता डाले कूप॥

मद्य पिया क्रोधी-कुटिल, भोगी अरु डरपोक।
लंपट-लोभी-सत्यच्युत, देते निश्चित शोक॥

परधन का लालच करे, पर अनिष्ट का शाप।
मिथ्या चिंतन नास्तिक, घोर मानसिक पाप॥

परिक्रमा का मान हो, शौर्य पाय अपमान।
ऐसे कुल को पतन ही, देता है भगवान॥

जिस कुल में नायक सभी, माने स्वयं महान।
उस समाज का शीघ्र ही, पतन सुनिश्चित जान॥

व्यभिचारी नायक जहाँ, कभी न हो उत्कर्ष।
उस समाज को जगत् में, मिलता है अपकर्ष॥

चंचल-कलुष-दुराग्रही, पहने सदा कुवस्त्र।
व्यभिचारी-विद्वान् भी, होता घातक अस्त्र॥

सेवा दुष्कर कार्य है, पर यह श्रेष्ठ सुकर्म।
कठिन तपस्या के सदृश, मानवता का धर्म॥

सदाचरण को जो जिएँ, दें पावन संदेश।
उनकी सेवा से कटें, जीवन के सब क्लेश॥

रहें आचरणहीन जो, भले ज्ञान की खान।
ग्रंथों को निज पीठ पर, लादे गधा समान॥

कांति-कीर्ति-मति-क्षमा, रति-शांति-शक्ति-व्यवहार।
प्रीति-नीति-गति-अर्थच्युत, होते बिनु आहार॥

उचित समय ही बोलिए, वाणी पाए मान।
सरस वाक्य अनुचित समय, तो निश्चित अपमान॥

बिन चाहे जो राय दें, मिले न उनको मान।
पात्र बनें उपहास के, पाएँ वे अपमान॥

वयोवृद्ध-ज्ञानी-तपी, धनवानों के द्वार।
शीश झुकाए लोभ में, जीवन है बेकार॥

उत्तम वह निज कर्म से, पाए यश-सम्मान।
पिता ख्याति से मान हो, मध्यम उसको जान॥

मामा के घर-नाम से, पहचाना जो जाय।
यश न पाय निज कर्म से, अधम वही कहलाय॥

अधमों में भी वह अधम, गुबरीला ही मान।
नाम मिले ससुराल से, फिर भी करे गुमान॥

प्रमदा-मदिरा-श्री सुनो, सुरा धरा पर तीन।
देखे-पिए-मिले अगर, मद में होता हीन॥

स्वयं और अरि-शक्ति का, पहले करो विचार॥
करो सुनिश्चित नीति तब, निज बल के अनुसार॥

कटुवाणी-झूठे वचन, चुगली और प्रलाप।
शास्त्र-मनीषी कहें सब, वाणी के ये पाप॥

बाधक निजी विकास में, आलस, रमणी-भक्ति।
अल्पतोष अरु भीरुता, जन्मभूमि-आसक्ति॥

दोष दूसरों के लखे, जो है तिली समान।
दोष न निज वट-सम लखे, साधु न उनको मान॥

स्वयं अगर गलती करे, समझौते की चाह।
पीड़ित खुद हो जाय तो, चाहे न्याय प्रवाह॥

कपटी से करता रहे, निर्मल मन व्यवहार।
मूर्ख सभी समझें उसे, होती उसकी हार॥

'अति' वर्जित सर्वत्र है, अनुभव का 'रवि' सार।
अगर इसे माना नहीं, मानव जीवन भार॥

'अति' आगमन न मान दे, अति संपर्क न प्रीति।
मलयागिरि की भीलनी, चंदन बारै नीति॥

अति आहार-विहार-श्रम, अतिवक्ता-उपवास।
अति चटोरपन दुष्ट संग, बाधित योगाभ्यास॥

अतिशय सरल न हो कभी, और न अधिक कठोर।
क्रोध न उचित अतीव है, अधिक न उचित निहोर॥

वन में सीधा वृक्ष ज्यों, जल्दी काटा जाय।
टेढ़े-मेढ़े वृक्ष को, कोइ न हाथ लगाय॥

अगर मनुज अतिशय सरल, सहज प्रताड़ित होय।
वंचक से धन हानि हो, मान स्वयं का खोय॥

हो अतिशय मन कामना, वह मन होय अशुद्ध।
जो निष्काम स्वभाव मन, वही पूर्णतः शुद्ध॥

लालच में करता मनुज, अगर अतीव निहोर।
धूल मिले सम्मान सब, मिले उपेक्षा घोर॥

मूर्ख व्यक्ति का मन कभी, होता नहीं प्रसन्न।
करो असीम प्रयत्न 'रवि', चाहे हो संपन्न॥

मौन रहे यदि व्यक्ति तो, मूरख पाए मान।
अधिक बोलने से सदा, घटे मान-सम्मान॥

मौन आवरण श्रेष्ठतम, अनुभव का यह सार।
अज्ञानी सम्मान ले, विद्वानों के द्वार॥

कम बोले, कम खाय जो, सुखी रहे एहि काल।
दुःखी वही जो खाय अति, अधिक बजावे गाल॥

संन्यासी आसक्ति से, लज्जा मदिरा-पान।
राजा दुर्जन सचिव से, पतित होय 'रवि' जान॥

वंश लजाय कुपुत्र से, मैत्री बिन अनुराग।
देख-रेख बिन कृषि मिटे, न्याय-द्वेष अरु राग॥

धन की महिमा अकथ है, धन आए या जाय।
उभय परिस्थिति में मनुज, निश्चित ही बौराय॥

बादल सम मानव सदा, एक समान न होयँ।
कुछ गरजें, बरसें नहीं, कुछ घन सभी भिगोयँ॥

ऐसे ही इस जगत् में, भाँति-भाँति के लोग।
हों सहयोगी आपके, मिलें बने संयोग॥

सहयोगी यदि योग्य हो, तो निश्चित ये मान।
यश-वैभव-शुचि स्वर्ग सुख, मिलता सहज प्रमान॥

हैं समर्थ-असमर्थ के, दोहरे मानक सार।
निबल करे निंदा सहे, सबल प्रगति व्यवहार॥

नेह-डोर से नाव दो, 'रवि' यदि बाँधी जायँ।
दो नावों पर पैर रख, सहज किनारा पायँ॥

बंदर के सम बँधे हम, नाँचें पा संकेत।
रूढ़ि कठिन जंजीर है, तोड़ो ज्यों अनिकेत॥

जिस बंधन में बँधे तुम, सब माया अभिसार।
वो सब भी तेरे नहीं, बंधन का क्या सार॥।

कहती है गीता सदा, जियो आज के संग।
चिंतन भूत-भविष्य से, जीवन हो बदरंग॥

गीता जीवन मंत्र है, मानव का आदर्श।
करे नष्ट अवसाद को, अतुलित विमल विमर्श॥

गीता का संदेश यह, यही सौख्य की नीति।
भूत भूलकर करो तुम, वर्तमान से प्रीति॥

वर्तमान में जो जिए, भूत-भविष्य भुलाय।
सुख उसके आँगन सदा, स्वयं दौड़कर आय॥

नेह-राग के गर्भ से, ले अभिलाषा जन्म।
पूरी जब होती नहीं, लेत निराशा जन्म॥

चाहे जीवन अल्प हो, पर हो दिव्य महान।
लंबा जीवन व्यर्थ यदि, सुलगे काष्ठ समान॥

द्वेष करें जिससे सभी, हो कैसे कल्याण।
यदि चाहो कल्याण 'रवि', प्रियता का हो त्राण॥

पर उपदेश सरल अति, स्वयं निभाता कौन।
उनसे पूछो अनुकरण, तो होते वे मौन॥

औरों को उपदेश दें, स्वयं करें निर्वाह।
वंदनीय वे जगत् में, यश का अमित प्रवाह॥

समझदार को ही सदा, देता जो उपदेश।
सम्मानित वह हर जगह, हो विदेश या देश॥

पावन जिसका आचरण, फिर करता उपदेश।
श्रोताओं पर हो तभी, वचन प्रभाव विशेष॥

मूलाधार विनाश से, आश्रित भी हों नष्ट।
मूल अगर रक्षित रहे, आश्रित भी हों पुष्ट॥

आश्रय पाकर घास का, वन को अग्नि जलाय।
घास रहित 'रवि' भूमि पर, आग न कुछ कर पाय॥

चाहे यदि कल्याण नर, करे अतिथि सत्कार।
भोजन दे सामर्थ्य से, याकि अतिथि अनुसार॥

अतिथि न भूखा रहे घर, श्री प्रसन्न हो जाय।
मिले शांति-सुख मनुज को, जग प्रसिद्धि भी पाय।

अहंकार रिपु रूप 'रवि', करता शीघ्र विनाश।
त्यागे यदि अभिमान नर, जीवन भरे प्रकाश॥

यश-वैभव-वर बुद्धि भी, हो जाती है नष्ट।
अभिमानी अभिमान में, हो जाता पथभ्रष्ट॥

आत्म प्रशंसा जो करे, मत मानों विद्वान।
अंदर से वह खोखला, निश्चित झूठी शान॥

आत्म प्रशंसा से बचो, यह अवगुण प्रतिमान।
सदाचार सत्कर्म से, स्वयं मिलेगा मान॥

आत्म प्रशंसा को सभी, कहते नीच स्वभाव।
सत्कर्मों से मनुज का, बढ़ता सहज प्रभाव॥

रक्षण अपने मान का, करते जो नर-नारि।
सम्मानित वे जगत् में, कृपापात्र त्रिपुरारि॥

भौतिक सुख को त्याग जो, करते संग्रह लोक।
पाते हैं सम्मान वे, रहते सदा अशोक॥

उतना ही संचय करो, जितने में सुख होय।
संचय करे असीम तो, जीवन में दुःख होय॥

परधन माने लोष्टवत्, धर्मी वही कहाय।
वही शांति का दूत 'रवि', मान सभी से पाय॥

तजे आत्म सम्मान जो, अपमानित निर्बाध।
शांति-सुमति-उन्नति मिटे, मिले घोर अवसाद॥

धिक् जीवन सम्मान बिन, धिक् पौरुष सकलंक।
धिक् भिक्षा बिन मान की, धिक् व्यभिचारी पंक॥

विद्या मिले, न मान भी, नहीं प्रीति मिल पाय।
त्यागे निश्चित वास वह, और कहीं बस जाय॥

संकल्पों से सिद्धि हो, कहते संत सुजान।
मनचाहा मिलता सहज, 'रवि' ये शास्त्र प्रमान॥

राही अविचल चले पथ, लक्ष्य सुनिश्चित पाय।
सृष्टि स्वयं भी साथ दे, मनचाहा मिल जाय॥

मानव के तन तीन ये, वात-पित्त-कफ दोष।
तन के हित अनिवार्य है, आयुष का उद्घोष॥

रहे संतुलन जब तलक, स्वस्थ रहे तन मान।
असंतुलन यदि हो गया, रोगी निश्चित जान॥

षट विकार भी मनुज के, जीवन में अनिवार्य।
रहें संतुलित ये अगर, सुखमय जीवन आर्य॥

काम-क्रोध-मद-लोभ अरु, मत्सर-मोह विकार।
ठीक रहें अनुपात में, जीवन सुख का सार॥

गोपनीय जो मंत्रणा, रखो सदा ही गोप।
अगर प्रकाशन हो गया, लक्ष्य सुनिश्चित लोप॥

मंदबुद्धि दुर्बुद्धि को, शास्त्रों से क्या काम।
ज्यों अंधे के लिए हो, दर्पण का पैगाम॥

जड़ के लिए न काव्य है, करता वह उपहास।
उसको निज जड़ बुद्धि का, होता कभी न भास॥

बुद्धिहीन कहता फिरे, मैं हूँ चतुर प्रवीन।
मूर्ख सभी समझें उसे, मानें सब विधि हीन॥

□

कीर्ति

धन-मन-जीवन-वययुवा, सुस्थिर नहीं सुजान।
कीर्ति ध्वजा लहरे गगन, जीवन उसको मान॥

कीर्ति नष्ट हो मनुज की, जीवन निष्फल होय।
निंदित जीवन 'रवि' जिए, शांति स्वयं की खोय॥

जग में मानव कीर्ति 'रवि', माता-पिता समान।
आयु बढ़े सम्मान भी, शांति-सुमति-परिदान॥

सतत कर्म में रत रहे, मान कर्म को धर्म।
कीर्ति सदा पीछे चले, चिंतन का यह मर्म॥

संचित धन में वृद्धि कर, रक्षा करे सयास।
खर्च करे उपकार में, मिले कीर्ति आकाश॥

यश जीवन के केंद्र में, यश के हित हो कर्म।
यश के लिए विचार नित, पालन होता धर्म॥

यश की जो रक्षा करे, मान करे संसार।
यशविहीन नर का सदा, जीवन होता भार॥

मृत्यु अगर यशपूर्ण हो, पाती वह सम्मान।
पृष्ठ बने इतिहास के, पीढ़ी गाए गान॥

धर्मात्मा इस जगत् में, पग-पग पूजा जाय।
झूले यश के पालना, मरकर सद्गति पाय॥

पालन करे स्वधर्म 'रवि', कीर्ति अनुचरी होय।
परम शांति की निधि मिले, सुख शय्या पर सोय॥

अहंकार में जो करे, सज्जन का अपमान।
कीर्तिमान की नष्ट सब, होती कीर्ति, प्रमान॥

□

एकता

व्यक्ति अकेला ही रहे, यदि समाज में जान।
हो महत्त्व से हीन वह, कहते सब विद्वान॥

रहता है असहाय नर, सह अस्तित्व डुबोय।
ज्यों चावल तुष से अलग, बीज शक्ति को खोय॥

मिलकर अनगिन चींटियाँ, देतीं विषधर मार।
बिखरे हुए समाज की, निश्चित होती हार॥

एक-एक लकड़ी अलग, सहज टूटती जाय।
अगर साथ मिल जाएँ सब, कोई तोड़ न पाय॥

अलग-अलग लकड़ी रहे, दें सब धुआँ प्रमान।
साथ रहें ज्वाला बनें, तेजपुंज गतिमान॥

वृक्ष अकेला हो बड़ा, हो सुस्थिर-बलवान।
आँधी में जड़ से गिरे, अगणित दृश्य प्रमान॥

पूजित होता संगठन, वंश-समाज सुजान।
नष्ट करे विघटन सहज, कहता सृष्टि विधान॥

जन्म सभी का एक है, मृत्यु सभी की एक।
ऊँच नीच का भेद क्यों? संघातक यह टेक॥

□

आर्य

आर्य न कोई जाति है, आर्य न कोई वर्ण।
आर्य 'श्रेष्ठ' पर्याय है, जैसे धातु सुवर्ण॥

आर्य वही जो धर्मपथ, को माने आदर्श।
स्वयं चले आग्रह करे, यह है आर्य विमर्श॥

सदाचार संकल्प ही, परहित करे सुकर्म।
जीवन पावन धाम हो, आर्य मनुजता धर्म॥

धन-विद्या से आर्य नहिं, सदाचार से आर्य।
कदाचार में लिप्त जो, कहते उसे अनार्य॥

आर्य न बोले कटु वचन, वाणी भूषण सत्य।
पर अनार्य हिंसक-कुटिल, बोले सदा असत्य॥

नीच कर्म करता नहीं, जो है आर्य सुजान।
सज्जनता की मूर्ति वह, धीर-वीर इन्सान॥

धारण करता श्रेष्ठ गुण, पावन अंतर्भाव।
आर्य धैर्य का रूप है, मानव मूल्य स्वभाव॥

होते आर्य अनार्य हैं, सहज वृत्ति अनुरूप।
साधुवृत्ति के लोग ही, होते आर्य अनूप॥

असुर वृत्ति के लोग ही, सब अनार्य कहलायँ।
हिंसा का तांडव करें, सबकी शांति मिटायँ॥

जिए सदा अपने लिए, छीने पर अधिकार।
वे अनार्य या असुर हैं, मानव योनि विकार॥

□

राष्ट्र

राष्ट्र-राज्य में भेद है, दोनों नहीं समान।
संस्कृति आत्मा राष्ट्र की, राज्य प्रशासन मान।

प्राणी के तन आत्मा, ज्यों जीवन आधार।
त्यों संस्कृति है राष्ट्र की जन-गण-मन का सार॥

संस्कृति प्राण स्वरूप है, यही राष्ट्र चैतन्य।
आत्मा सब में एक है, इससे पूर्ण अनन्य॥

धरा सत्य अनुभूति की, कोष परम अभिव्यक्ति।
भारत 'रत' 'भा' में सतत, पावन धारा भक्ति॥

चिंतन दर्शन की धरा, भारत तप की शक्ति
परम सत्य की खोज भू, धरती परम विरक्ति॥

भारत माँ इतिहास की, परदादी सद्ग्रंथ।
मानवता का पालना, पुण्य भूमि मत पंथ॥

भारत की यह मान्यता, शांति सौख्य का द्वार।
अहंकार के त्याग से, सुखी मनुज संसार॥

जन्मभूमि अरु जननि निज, श्रेष्ठ स्वर्ग से मान।
इनकी सेवा से सहज, हो जाता कल्यान॥

माँ के सम पालन करें, भाषा-भूमि-सुभाव।
मानव जीवन पर सदा, इनका गहन प्रभाव।

मातृभूमि के पुत्र हम, ये जीवन आधार।
इस पर न्योछावर सदा, जीवन का अभिसार॥

लोकतंत्र में प्रजा ही, धेनुवत्स के रूप।
कामधेनु सम धरा है, अतुलित पुण्य अनूप॥

चाहो पय उपलिब्ध तो, लोकशक्ति पहचान।
विधिवत् सेवा प्रजा की, लोकतंत्र प्रतिमान॥

लोक-प्रशासन-लोकहित, जन-जन का ये तंत्र।
शासक शासित भी नहीं, इसीलिए जनतंत्र॥

शोषक शोषित वर्ग नहिं, और न राजा-रंक।
न्याय सभी को एक सा, ज्यों नभ रहे मयंक॥

लोकतंत्र के मूल में, रामराज्य संकल्प।
निश्चित अभिनव तंत्र यह, कोई नहीं विकल्प॥

जड़-चेतन कल्याण का, भाव भरा जनतंत्र।
सर्व हितैषी भावना, का अतुलित शुचि मंत्र॥

पीड़ा दे जो लोक को, मनुज अधम कहलाय।
नहीं मिले ऐश्वर्य अरु, निंदा जग की पाय॥

लोकतंत्र का हो गया, अब तो विकृत रूप।
जन-गण-मन चैतन्य हो, तो हो अतुल अनूप॥

मानसरोवर से हुए, ज्यों निर्वासित हंस।
राजनीति में छा गए, कौओं के अब वंश॥

अपराधी, भू-माफिया, कदाचार का भाव।
राजनीति के अंग वे, जिनका दुष्ट स्वभाव॥

जातिवाद या लाभ कुछ, राग-द्वेष आधार।
इससे ही प्रतिनिधि बनें, कलुष हृदय में धार॥

भ्रष्ट-तंत्र इसलिए है, मतदाता में खोट।
प्रतिनिधि तो चुनता वही, वो ही देता वोट॥

जन प्रतिनिधि यदि ज्ञानच्युत, नहीं क्षेत्र कल्यान।
कदाचार में रत रहे, नहीं पतन का भान॥

गुणता के ही सखा है, यश-वैभव-सम्मान।
जन-गण, मन करता नहीं, अविवेकी का मान॥

जनभाषा हिंदी यहाँ, माँ का दिव्य स्वरूप।
भाव प्रवण सामर्थ्ययुत, अतुलित अमित अनूप॥

हिंदी के सम्मान से, राष्ट्र समुन्नत होय।
संस्कृति का वैभव बढ़े, संस्कारों को बोय॥

□

परिवार

त्याग भाव की भूमि पर, जन्मा है परिवार।
भारत की इस प्रथा पर, बलिहारी संसार॥

सदाचार-शुचिता-व्रती, शास्त्र ज्ञान-व्यवसाय।
हो प्रभु श्रद्धा-एकता, वंश प्रतिष्ठा पाय॥

मृदु स्वभाव-आचरण शुचि, त्यागपूर्ण व्यवहार।
साथ करें भोजन सभी, सुखी वही परिवार।

मनुज कठोर स्वभाव अति, त्यागे निज परिवार।
एकाकी जीवन मिले, निंदित हो व्यवहार॥

परंपरा परिवार की, संस्कृति का आधार।
नारी इसके केंद्र में, कुल की खेवनहार॥

अग्नि दाहती जिस तरह, वैसे सुत अविनीत।
करो प्रशंसा मुखर हो, जो सुत होय विनीत॥

धन-संचय का अर्थ क्या, सुत हो अगर कुपुत्र।
क्यों अति धन संचय करे, यदि हो पुत्र सुपुत्र॥

पुत्र जने फिर लाभ क्या, अगर न हो धीमान।
धर्मरहित जीवन जिए, धिक ऐसे श्रीमान॥

पुत्र अगर गुणवान हो, बसे कहीं भी जाय।
फिर भी उर उस पिता का, सुख पाए उमगाय॥

चंद्र चमकता निशा में, नभ में ज्यों दिनमान।
इसी तरह कुल के लिए, शोभा सुत विद्वान्॥

पुत्र अगर सौ मूर्ख हों, नहीं वंश कल्यान।
एक पुत्र हो योग्यतम, वही बढ़ाए मान॥

नभ तारे अगणित भले, किंतु न तम का नाश।
एक चंद्र का अवतरण, नभ में करे प्रकाश॥

पुण्यवान को ही मिलें, ये सत्कर्मी तीन।
मित्र-नारि-सुत व्यक्ति को, सुख दें कर्म प्रवीन॥

तपे-पिटे ही बन सके, ज्यों आभूषण स्वर्ण।
त्यों गुरु-पिता प्रताड़ना, से सुत होय सुवर्ण॥

मृदु वाणी-प्रिय आचरण, मात-पिता उपदेश।
पालन करता पुत्र जो, वहाँ पुण्य परिवेश॥

चंद्र अकेला व्योम में, घोर निशा में आय।
धवल चाँदनी से सहज, देता तमस हटाय॥

ज्यों चंदा तम को हरे, कर्मवीर सुत आय।
कुल का दुःख दारिद्रय सब, देता सहज मिटाय।

कन्या उस घर दीजिए, जहाँ विराजे ज्ञान।
रूप-शील-विद्या-धनी, व्यक्ति होय गुणवान।

जननी-भाभी-सास अरु, गुरुपत्नी शुचि जान।
वंदन नित इनका करो, ये माँ के प्रतिमान॥

रोग-कुमति-दुर्बुद्धि सुत, कलही नारि प्रमान।
जिस घर होवें ये सभी, कुगति सुनिश्चित जान॥

मातु-पिता-गुरु तीन हैं, वर शिक्षक प्रतिमान।
इनकी गुणता ही सहज, ग्रहण करे संतान॥

पुत्र परख होती तभी, जब विवाह हो जाय।
होती पत्नी की परख, पति निर्धनता पाय॥

पत्नी अति बीमार हो, तब पति की पहचान।
अगर युद्ध में साथ दे, भाई उसको जान॥

जरा समय संतान की, होती परख सुजान।
पुत्री यौवन काल में, परखो निज अनुमान॥

धर्म-धैर्य-नारी-स्वजन, इनकी तब पहचान।
धुर विपत्ति के समय भी, साथ कौन प्रिय जान॥

□

माता-पिता

माँ ममता की पालना, डोर पालना तात।
इनके ही कारण मिली, जीवन को सौगात॥

देवों में वर देव है, मानों में सम्मान।
माँ का आँचल स्वर्ग सम, माँ मानव कल्याण॥

'माँ' भावों की अचल गिरि, त्याग मूर्ति प्रतिमान।
पालक सारे सृष्टि की, धरती पर भगवान्॥

ममता अक्षय निधि जननि, निर्मल सरिता नेह।
अमित स्वर्ग अपवर्ग सुख, शांति सुमति की गेह॥

ममता अक्षय कोष को, संतानों पर बार।
सहे कष्ट भी मुदित मन, अनुपम माँ का प्यार॥

दिव्य सनातन प्रेम की, मूरत माँ को मान।
माँ चरणों में मोक्ष है, यही सत्य पहचान॥

केवल संबोधन नहीं, नहीं शब्द विन्यास।
माँ सागर वात्सल्य की, माँ ममता का न्यास॥

तीनों लोकों में सृजित, 'रवि' जितने प्रतिमान।
सब बलिहारी मातु पर, अतुल अनूप महान॥

श्रद्धा से परिपूर्ण 'रवि', दृष्टि अगर मिल जाय।
माँ महिमा के सिंधु की, गहराई वह पाय॥

माँ छाया परिवार की, सुलभ सहारा होय।
रक्षा कुल की वह करे, निज प्राणों को खोय॥

माँ के सम छाया नहीं, और सहारा होय।
माँ के सम रक्षक नहीं, माँ सम प्रिय ना कोय॥

कष्ट सहे नौ मास तक, सहे प्रसव की पीर।
फिर भी देती जन्म माँ, होकर मुदित-अधीर॥

जीवन सींचे जननि ही, निज पय अमिय पिलाय।
पल-पल की चिंता करे, सहे कष्ट उमगाय॥

रात-रात सोती नहीं, माँ संतति के हेतु।
पाले वह परिवार को, बनी कुशलता सेतु॥

गीला बिस्तर स्वयं हित, सूखा हित संतान।
जीवन के काँटे चुनें, माँ प्रभु की प्रतिमान॥

संतति के दुःख में दुःखी, सुख में सुख आभास।
माँ अनुपम कृति सृष्टि की, माँ अनुपम अहसास॥

संतति में रमकर जननि, रहती सदा विदेह।
निज के सुख-दुःख भूलकर, बनती ममता गेह॥

पहली गुरु होती जननि, संस्कारों की मूल।
माँ के आँचल से मिले, जीवन के सुख फूल॥

माँ समान को जगत् में, ममता का आगार।
शिक्षक बन संतान को, देती वह संस्कार॥

देती है संस्कार माँ, जब से गर्भाधान।
अभिमन्यू के सम अनत, हैं शास्त्रोक्त प्रमान॥

गुरु-पितु के ऋण का भले, मनुज करे भुगतान।
चुके न माँ का ऋण कभी, कहते शास्त्र प्रमान॥

मखमल की चादर पिता, पीपल की है छाँव।
सीख पिता की है सदा, जीवन यात्रा पाँव॥

पिता शीष का छत्र है, पिता पंथ परित्राण।
जीवन का अवलंब 'रवि', पितु विकास का प्राण॥

संकट मोचन है पिता, वरद मित्र अहसास।
तपते मरुथल में पिता, शीतलता आभास॥

अन्न-वस्त्र-घर है पिता, मन का है विश्वास।
शिल्पी 'रवि' उत्कर्ष का, कंटक वन का नाश॥

मर्यादा पट से ढका, पिता अपरमित नेह।
आश्रय की प्रतिभूति, जो अनुपम–अतुलित गेह॥

पितु कठोरतम आवरण, कोमल अंतर्भाव।
कुंभकार सम चोट दे, अंदर हस्त प्रभाव॥

करे अनादर पिता का, पापी जग में होय।
मान न निज संतान से, स्वयं प्रतिष्ठा खोय॥

पितु कटु वचन–प्रताड़ना, कुंभकार की चोट।
गढ़ने की यह प्रक्रिया, नहीं हृदय की खोट॥

संकट में आते सदा, याद पिता उपदेश।
मार्ग सूझता है तभी, 'रवि' हों देश–विदेश॥

अपने सुख सब त्यागकर, कुल को दे आनंद।
संतति का सुख ही लगे, पितु को परमानंद॥

पिता त्याग सुख स्वयं के, रखता कुल का ध्यान।
उसका वंदन प्रथम हो, सकल तीर्थ शुचि मान॥

जो अनुकूल न पिता के, निंदा करे समाज।
यश–वैभव सब नष्ट हो, अपमानित हो आज॥

हो अभाव में पिता पर, हो न कभी अनुदार।
निज इच्छाएँ त्यागकर, संतति पर बलिहार॥

करे उपेक्षा पिता की, कहते उसे कपूत।
मातु-पिता सेवे सदा, 'रवि' सब कहें सपूत॥

भारत की कुल रीति का, मातु-पिता आधार।
त्याग सभी निज सुख भरें, संतति सुख आगार॥

मातु-पिता ने जन्म दे, दिया जगत् उपहार।
प्रभु समान पूजें उन्हें, मानें नित आभार॥

मातु-पिता चाहें सदा, संतति का कल्याण।
संकट में रक्षा करें, देकर अपने प्राण॥

सेवा करते मुदित, जो मातु-पितु सुर मान।
मिले कीर्ति जग में उन्हें, हटे तिमिर अज्ञान॥

पिता कृषक सम बीज दे, रक्षण भी दिन रात।
मातु धरा सम पालती, सहती सब आघात॥

पुत्र वही माँ-बाप के, यश को गुणित बढ़ाय।
श्रद्धा से सेवा करे, उऋण सहज हो जाय॥

सेवा 'रवि' पितु-मातु की, जग में श्रेष्ठ कहाय।
शांति-सुमति-सुख-दान दे, यश-वैभव दिलवाय॥

दु:खी अगर माँ-बाप, 'रवि' ईश-अर्चना व्यर्थ।
तीरथ-जप-तप-दान-व्रत, खोते अपना अर्थ॥

मसजिद-गुरुगृह-देवगृह, पंथ साधना सार।
'रवि' सेवा पितु-मातु की, सहज मोक्ष का द्वार॥

रहे अधूरे स्वप्न जो, मातु-पिता की राह।
चाहें संतति को मिलें, चिंतन यही प्रवाह॥

मातु-पिता इस जगत् में, 'रवि' प्रभु के वरदान।
ये ही कारण सृष्टि के, पृथ्वी पर भगवान॥

मातु-पिता आशीष से, होता 'रवि' उद्धार।
इनकी सेवा से मिले, सहज मोक्ष का द्वार॥

देव-अर्चना का सुफल, मिले तभी संसार।
मातु-पिता संतुष्ट हों, 'रवि' चिंतन का सार॥

असंतुष्ट माँ-बाप तो, ईश-भजन बेकार।
शुश्रूषा माँ-बाप की, सभी तपों का सार॥

मातु-पिता चाहें सदा, संतति हो गुणवान।
उनसे भी आगे रहे, धरा करे गुणगान॥

सभी चाहते जगत् में, संतति-शिष्य विशेष।
उनको रखते वे सदा, अंतर में विनिमेष॥

मातु-पिता को पालता, जो 'रवि' पुत्र समान।
यश-गाथा उसकी सदा, गाते शास्त्र सुजान।

वृद्धावस्था में करे, जो सेवा माँ-तात।
उसके जीवन क्षेत्र में, सुख की हो बरसात॥

बूढ़े निज माँ-बाप की, सेवा दे प्रतिदान।
बूढ़ा होना है उन्हें, जो हैं आज जवान॥

मातु-पिता पर जो रखें, निज संतति सा नेह।
जरा समय उनको मिले, निज संतति का नेह॥

मनुज जन्म के बाद जो, कष्ट सहे दिन-रात।
सात जन्म तक ना चुके, ऐसा ऋण पितु-मात॥

रक्त रगों में बह रहा, मातु-पिता का जान।
देव समझ पूजो इन्हें, ये श्रद्धा प्रतिमान॥

रोम-रोम में माँ बसे, श्वास-श्वास में तात।
दोनों के आशीष से, जीवन शुभ्र प्रभात॥

□

नारी

नारी घर की लाज है, नारी नर का मान।
नारी ब्रह्मा वंश की, ड्योढ़ीं का सम्मान॥

रूप-शील-सौभाग्य, दृढ़ संस्कारों की खान।
नारी की यह शक्तियाँ, परम प्रतिष्ठित जान॥

नारी जलती दीप सम, कुल सुख उसका ध्येय।
प्रेय न उसका हेतु है, सदा हृदय में श्रेय॥

धन्य-धन्य नारी तुझे, धीरज की तू खान।
सहन शक्ति की शिखर तू, करुणा की उपमान॥

पुरुष-धर्म के केंद्र में, नारी का अधिकार।
लाज उभय कुल की रखे, नारी का अभिसार॥

नारी शोभा वंश की, वंश-बेलि की हेतु।
शंकर सी वह विष पिए, घर की वैभव सेतु॥

पत्नी बन करती वही, मानव को परिपूर्ण।
माँ बनकर परिवार को, वह करती संपूर्ण॥

सुख में पति के साथ हो, पितु सँग संकट काल।
शील सदा रक्षित रहे, कुल का उन्नत भाल॥

बसे न पीहर में अधिक, रहे सुरक्षित मान।
नारी रहती मायके, निश्चित हो अपमान॥

संतति की वर शिक्षिका, पिय की है पतवार।
कुल को भी बाँधे रखे, नारी का व्यवहार॥

नारी पर निर्भर सदा, पति-संतति परिवार।
पालक धर्म गृहस्थ की, शांति-सुमति का द्वार॥

नारी नर से न्यून 'रवि', तन-क्षमता अनुसार।
जिससे वह नर से रखे, रक्षा का अधिकार॥

पति पत्नी हैं एक तन, शास्त्रों का उद्‌घोष।
अलग-अलग आधे रहें, कहता चिंतन कोष॥

पति-पत्नी हों एक तन, अनुपम विमल विचार।
जीवन में सुख-शांति का, अतुलित दृढ़ आधार॥

दिव्य समर्पण, एक तन, अहंभाव को त्याग।
कुल का रक्षा सूत्र है, स्रोत दिव्य अनुराग॥

जिस कुल में होता सदा, नारी का सत्कार।
शांति-सुमति-उन्नति सहित, वहाँ बसें संस्कार॥

जहाँ नारी का सम्मान 'रवि', वहाँ बसें भगवान।
कुल में आएँ दिव्य गुण, दिव्य होय संतान॥

दुःख में ही डूबी रहें, महिलाएँ जिस गेह।
पतन उसी परिवार का, नष्ट परस्पर नेह॥

ज्यों सरिता सागर मिले, स्वयं सिंधु बन जाय।
त्यों नर से नारी मिले, निजता को बिसराय॥

माने भोग्या नारि को, कलुषित मानस मान।
अज्ञानी चिंतन इसे, कहते शास्त्र सुजान॥

पति-पत्नी में प्यार तो, जीवन औषधि सार।
धूपग्रस्त तन पर पड़े, ज्यों जल की बौछार॥

संकट में भी करे निज, रक्षा नारि कुलीन।
मौत चुने पर हो नहीं, दूषित और मलीन॥

पत्नी माँ सम भोज दे, मित्र समान सलाह।
गणिका सम अभिसार दे, जीवन सहज प्रवाह॥

पुष्ट करे परिवार को, पति को भी संतुष्ट।
मिले धर्मफल नारि को, कुल में होय विशिष्ट॥

सास-ससुर-जननी-पिता, के प्रति पूर्ण उदार।
ऐसी नारी को सदा, मिले सभी का प्यार॥

नारि अगर संस्कारयुत, घर को स्वर्ग बनाय।
ऋद्धि-सिद्धि घर में बसे, शांति-सुमति भी आय॥

नारी यदि संस्कारच्युत, नर्क बने घर-द्वार।
सुख-संपत्ति विनाश हो, कष्ट सहे परिवार॥

□

मित्र

प्रामाणिक औदार्य प्रिय, सुख-दु:ख रहें समान।
सत्य-दक्ष-प्रेमी,-गुणी, मित्र उसी को मान॥

छले मित्र को अधम वह, मित्र न किंचित् होय।
अपराधी विश्वास का, मान सभी का खोय॥

मित्र वही जो मित्र के, दु:ख में साथ निभाय।
जो न मित्र दु:ख में दु:खी, वह न मित्र कहलाय॥

जो न मित्र दु:ख में दु:खी, तिनहिं विलोकत पाप।
मित्र नहीं कहते उसे, मैत्री के अभिशाप॥

मैत्री पावक-पवन की, देती अग्नि जलाय।
वही पवन आकर सहज, देता दीप बुझाय॥

मैत्री-पावक-पवन सम, निर्बल और समर्थ।
निभती है संयोग से, होय अन्यथा व्यर्थ॥

पाप कर्म से विरत कर, नीति पंथ ले जाय।
मैत्री गोपन गोप रख, गुण सब प्रकट कराय॥

रिश्ते बनते हृदय से, रहे दूर या पास।
प्रियता कितनी घनी है, कर्म देत आभास॥

सीने पर ही घाव दे, शत्रु वही कहलाय।
स्वजन पीठ पर घाव दे, गुपचुप घात लगाय॥

साथ न छोड़े विपति में, करे योग्य सहयोग।
निश्चित वह सन्मित्र है, कहते ज्ञानी लोग॥

निर्मल मन जो साथ दे, करके तव विश्वास।
उसको हृदय लगाइए, रखो सदा निज पास॥

□

प्रेम

वेद शास्त्र प्रभु साधना, सब कुछ है बेकार।
ढाई आखर प्रेम से, जीवन हो साकार॥

प्रेम नहीं है वासना, पावनता का धाम।
त्याग समर्पण से भरा, पूर्ण रूप निष्काम॥

आकर्षण रवि देह का, प्रेम न कभी कहाय।
कहते उसको वासना, देह ढले मर जाय॥

दो निर्मल मन मिलें यदि, होवें एकाकार ।
प्रकट सिंधु हो प्रेम का, जीवन होता सार॥

मन की पावन भावना, उद्‌घाटित ना होय।
उगे न अंकुर प्रेम का, बीज शक्ति भी खोय॥

अंतर्मन की आँख से, देखा यदि मन मीत।
साँसों में निश्चित बजे, जीवन का संगीत॥

निज उर की ध्वनि को सुने, तो मिलता है मीत।
रवि पूरा होता तभी, प्रणय-कथा का गीत॥

दिल का रिश्ता हो अगर, स्वार्थ न आड़े आय।
निर्मल मन में जन्म ले, प्रेम वही कहलाय॥

यदि निर्मल मन उभय का, तो वे हों निष्काम।
एहसासों की झील उर, होता विहरण धाम॥

चिंतन में यदि स्वार्थ हो, और वासना होय।
निश्चित वे संबंध निज, देते जीवन खोय॥

आत्मा से आत्मा मिले, मिले देह से देह।
दिव्य प्रेम के योग से, 'रवि' हों युगल विदेह॥

प्रेम स्वयं भगवान् है, होता कृष्ण स्वरूप।
जीवन नीरस प्रेम बिन, सच यह अतुल-अनूप॥

सत्य-प्रेम होता जहाँ, दूरी सब मिट जाय।
दो हो जाते एक मन, निजता को बिसराय॥

मनसा-वाचा-कर्मणा, चाहे जो दिन रैन।
सिंहासन विश्वास का, उसे मिले सुख-चैन॥

प्राणों ने समझा अगर, प्राणों का संदेश।
तो उर में हो जाएगा, प्रिय का सुखद प्रवेश॥

तन की कमी न जगत् में, प्रेम न मिले सुजान।
निर्मल मन में जन्म ले, प्यार उसी को जान॥

कहलाती है वासना, केवल तन की चाह।
प्रेम नहीं कहते उसे, पशुवत् भोग प्रवाह॥

'रवि' स्पंदित मन रहे, होवे उर अभिराम।
नयन तृप्त हों दर्श से, प्रेम परम विश्राम॥

ढाई अक्षर प्रेम ही, जग जीवन आधार।
प्रेम रहित जीवन जगत्, 'रवि' सबकुछ बेकार॥

प्रेम परम उत्कर्ष है, पूर्ण अलौकिक धाम।
डूब गया जो प्रेम में, हो जाता निष्काम॥

पलकों में पुतली रहे, त्यों प्रिय करें सँभाल।
प्राणों का हिस्सा बनें, दूर रहें भ्रमजाल॥

कायनात ही तय करे, अलंकार का हेतु।
करे सहज स्वीकार तब, ग्रसे न कोई केतु॥

प्रियता में संस्पर्श से, शील स्वयं ढक जाय।
छोड़े सारे आवरण, निजता को विसराय॥

मीन अलग हो नीर से, मृत्यु सुनिश्चित पाय।
प्रीति मीन अरु नीर सी, जग में अमर बनाय॥

तभी सफल हो जिंदगी, नवजीवन विश्वास।
मिटे विषाद समूल सब, मन में प्रेम प्रकाश॥

ढाई आखर प्रेम में, सारा विश्व समाय।
मन से जिसने पढ़ लिया, सो विदेह हो जाय॥

बाँहों का झूला मिले, श्वासों का श्रृंगार।
करता दो को एकरस, नीर-क्षीर सा प्यार॥

शून्य घटाओ शून्य से, शून्य रहेगा शेष।
इसी तरह से प्रिय मिलें, रहे न कुछ अवशेष॥

अथ से इति तक प्रेम ही, जीवन का मधु सार।
प्रेम बिना इस जगत् में, जीवन है निस्सार॥

□

वृत्ति

सहज वृत्ति होती प्रबल, यह स्वभाव की मूल।
निहित सुगंध सदैव ही, ज्यों गुलाब के फूल॥

नैसर्गिक गुण हंस का, नीर-क्षीर का ज्ञान।
सहज वृत्ति जो मनुज की, 'रवि' प्रभु का अवदान॥

तत्त्व मनीषी के लिए, तृण सम धन-संपत्ति।
मानवता के मूल्य को, जाने उनकी वृत्ति॥

सहज वृत्ति पहचानकर, बचपन यदि गढ़ जाय।
पीढ़ी का उत्कर्ष हो, राष्ट्र समुन्नति पाय॥

काक-काक, बक-बक रहे, कभी न होवें हंस।
नीर-क्षीर गुणता नहीं, तभी लजाते वंश॥

गंगा में धोए बदन, गधा न घोड़ा होय।
नीच सुने उपदेश नित, तो भी वृत्ति न खोय॥

सोने के हों अंग सब, मणियों का गलहार।
काक कभी ना हंस हो, 'रवि' यह सिद्ध विचार॥

'रवि' मणिधारक नाग ज्यों, विष से हीन न होय।
त्यों विद्या संयोग से, दुष्ट कुभाव न खोय॥

मूल वृत्ति बदले नहीं, अगणित करो उपाय।
गर्म करो जल को अगर, फिर शीतल हो जाय॥

सदाचरण, उपदेश से, दुष्ट न सज्जन होय।
उपदेशों से दुष्ट जन, मूल वृत्ति कब खोय॥

काँटों ने बदला नहीं, अपना 'कुटिल' स्वभाव।
रहें फूल के संग नित, हुआ न रंच प्रभाव॥

सहज वृत्ति बदले नहीं, नित्य करे सत्संग।
चुभन खार की स्थिर रहे, जदपि फूल के संग॥

षष्ट मास रह नली गें, कूकर पूँछ प्रमान।
सीधी होती है नहीं, कहते चतुर सुजान॥

कलुषित वृत्ति विचार 'रवि', जीवन बोझ बनाय।
जीने का संकल्प तो, नीरसता मिट जाय॥

उत्तम कुल में जन्म ले, शीलवान ना होय।
कुल के लिए कलंक वह, देता कीर्ति डुबोय॥

शीलहीन रावण यथा, यद्यपि ज्ञानी राव।
असुर राज कहते उसे, निंदित शील अभाव॥

दुष्ट हृदय 'रवि' शील बिनु, निज को बदल न पाय।
अपने अवगुण पर सदा, गर्व करे इतराय॥

निंदा की आदत जिन्हें, निश्चित होत निकृष्ट।
अवगुण की वे खान हैं, जानो उनको दुष्ट॥

चोर चंद्रमा की करे, व्यभिचारी सचरित्र।
कुलटा साध्वी की करे, निंदा सत्य विचित्र॥

अपढ़ करे विद्वान् की, नीच करे धनवान।
निंदा करे सदैव ही, बुरा उसी को जान॥

काक न पावन कभी हो, नहीं जुआरी सत्य।
धैर्य न हो डरपोक ज्यों, नृप-मित्रता असत्य॥

मूर्ख-द्वेष विद्वान् से, असती-सती सुजान।
निर्धन का धनवान से, द्वेष सहज अनुमान॥

कलुषित वृत्ति विचार 'रवि', जीवन बोझ बनाय।
जीने का संकल्प तो, नीरसता मिट जाय॥

□

स्वभाव

सहन न करता तेज पर, तेजस्वी इन्सान।
स्वाभाविक गुण जन्म से, प्रकृति प्रदत्त सुजान॥

शेर गहन वन में बसे, याकि गुफा में जान।
हंस कमलिनी सँग बसे, गीध रहे शमशान।

नीच नीच के सँग रहे, साधु साधु के संग।
जन्मजात यह गुण सहज, होत न कभी अभंग॥

हंस सहज कलरव करे, हृदय भरे आनंद।
वक के कलरव से कभी, मुदित न जन-मन वृंद॥

एक वस्तु का एक गुण, सब पर अलग प्रभाव।
अलग-अलग कफ-पित्त दे, बैगन एक स्वभाव॥

जो स्वभाव हो मनुज का, वैसा उसका कर्म।
कदाचरण हो दुष्ट से, साधु निभाए धर्म॥

दुष्ट प्रकृति के मनुज में, निज स्वभाव बलवान।
हठधर्मी मन-वृत्ति में, वृद्धि करे अज्ञान॥

दक्ष-शांत-तेजस्विता, सात्त्विक निस्पृह भाव।
सत्कर्मी, सत्पुरुष के, ये गुण सहज स्वभाव॥

पर प्रज्ञा से भय सदा, करते जो विद्वान।
कुंठा से हों ग्रसित वे, खोते अपना मान॥

जो स्वभाव हो मनुज का, करता वैसे कर्म।
दुष्ट दुरात्मा के लिए, व्यर्थ नीति 'रवि' धर्म॥

मृग-मछली से हो नहीं, आखेटक मन द्वेष।
पर हरता वह प्राण है, दुष्ट स्वभाव विशेष॥

दुष्ट प्रकृति का त्याग कर, कर सज्जन सहवास।
शोधन होय स्वभाव का, जीवन तम का नाश॥

□

सुख-दुःख

जन्मे निज अनुभूति से, सुख-दुःख मानस पुत्र।
और न कारण अन्यथा, भाव भावना सूत्र॥

जिसकी जैसी भावना, वैसी हो अनुभूति।
कल्पकता, संस्कारिता, सुख-दुःख केर प्रतीति॥

अभिलाषा यदि पूर्ण हो, सुख का हो एहसास।
मन चाहा यदि ना मिले, दुःख का उर आकाश॥

अपनी अभिलाषा हमें, जो अनुभूति कराय।
बनें भाव उसके सदृश, सुख-दुःख वह कहलाय।

हानि-लाभ में सम रहे, विजय-पराजय एक।
सुख-दुःख एक समान हों, पुरुष सिंह वह नेक॥

सुख-दुःख तो निज भाव हैं, मन की ही अनुभूति।
मिले न मिले प्रभाव से, सुख-दुःख केर प्रतीति॥

सुख-दुःख का कारण स्वयं, और सोचना व्यर्थ।
माने कारण और को, होगा सदा अनर्थ॥

सुखी कभी होते नहीं, दो प्रकार के लोग।
चाह अधिक की हर समय, और असीमित भोग॥

नेह-राग ही मनुज के, मन के दुःख का मूल।
दुःख होता है उस समय, मिले न जब अनुकूल॥

सदा प्रकृति देती हमें, जीवन में संघर्ष।
स्वीकारे जो विहंसकर, निश्चित हो उत्कर्ष॥

संकल्पी नर के लिए, सुख-दुःख एक समान।
हार-जीत से सीख कर, सदा रहे गतिमान॥

□

पराक्रम

नीति कर्म बल से मिले, 'रवि' मनुष्य को सिद्धि।
पराक्रमी का अनुगमन, करती परम प्रसिद्धि।

रहें सभी गुण स्वयं ही, पराक्रमी के संग।
युक्तियुक्त संधान से, होते सफल प्रसंग॥

पराक्रमी से 'रवि' सदा, रहते दूर अनर्थ।
हो जाता है सहज ही, अपघाती बल व्यर्थ॥

संशय के बादल छँटे, पवन-पराक्रम पाय।
विजय हेतु मानव करे, अनथक कुशल उपाय॥

देश, काल, अनुकूलता, का कर पूर्ण विचार।
करे पराक्रम 'रवि' अगर, मिले सफलता सार॥

चाटुकार वंदित जहाँ, दुर्बल होय समाज।
किंतु पराक्रम पूज्य जहँ, सम्मानित वह राज॥

आभूषण सत्पुरुष का, प्रबल पराक्रम होय।
चाटुकारिता में रहे, लंपट-दुर्जन सोय॥

मानव जीवन का करे, जो अनुपम श्रृंगार।
श्रेष्ठ पराक्रम तत्त्व वह, विजय प्राप्ति का सार॥

करो पराक्रम रात-दिन, यदि चाहो सम्मान।
पृथ्वी पर होता नहीं, कर्महीन का मान।

भूमंडल को नित्य 'रवि', ज्यों दे विपुल प्रकाश।
पराक्रमी नरसिंह त्यों, करे दुष्ट तम नाश॥

हुआ पराक्रम का सदा, जिस कुल में अपमान।
आयु न अधिक समाज की, कहते सब विद्वान्॥

□

महत्ता

अजर-अमर-पावन-सुखद, हो जीवन आगार।
मानव को मिल जाय यदि, सद्गुरु का शुचि प्यार॥

बुद्धिमान, कोमल हृदय, पावनता के धाम।
सच में जो आचार्य हैं, होते वे निष्काम॥

सच्चा जो आचार्य है, करता दूर कुपंथ।
तम हरता कर तेजयुत, देता दान सुपंथ॥

दीपक की बाती सदृश, शिक्षक उर आकाश।
तिल-तिल जलकर शिष्य के, तन-मन भरे प्रकाश॥

स्वाध्यायी-शास्त्रज्ञ अरु, त्वरित लिखे विद्वान।
धीर-संयमी-वाक्पटु, लेखक की पहचान॥

सरस काव्य का सृजन कर, जन-जन में पहुँचाय।
जरा-मृत्यु से निडर हो, यश-गरिमा कवि पाय॥

सोच नहीं अपराध की, मैत्रीभाव स्वभाव।
कवि निष्ठुर होता नहीं, संवेदना प्रभाव॥

काव्य शोभता है तभी, हो कल्याणी भाव।
नारी लज्जा में रहे, मनुज उदार स्वभाव॥

नारि सुशील-विनीत नर, दानी अरु विद्वान।
विज्ञ विरागी-वीर-जन, भू के भूषण जान॥

सत्य-अहिंसा-ज्ञान-तप, शील-प्रज्ञ सम्मान।
ये गुण जो धारण करे, निश्चित वह विद्वान॥

मन-संताप व हानि-धन, निज घर के अवसाद।
प्रज्ञ न उद्घाटित करें, चाहे हृदय विषाद॥

गुणासक्त 'रवि' शास्त्रविद्, न्यायी-प्रज्ञ विधान।
ज्ञानी-ध्यानी, शूरमा, नायक की पहचान॥

गुणानुरागी-शास्त्रविद्, त्यागी, बंधु सहाय।
पराक्रमी जीवन जिए, नायक वही कहाय॥

वाणी में जो निपुण हो, कीर्ति प्राप्ति हित व्यग्र।
महापुरुष के गुण यही, कहते शास्त्र समग्र॥

महापुरुष विपदा समय, रहते ज्यों पाषान।
प्रभुता पा होते सदा, कोमल कमल समान॥

दान, विनय, निर्मल हृदय, सत्य वचन, श्रुति ज्ञान।
विजयी भुजबल, बुद्धिबल, नर आभूषण मान॥

कितना भी भूखा रहे, शेर घास ना खाय।
कष्ट सहे नरसिंह अति, तो भी पतन न पाय॥

सिंह स्वयं राजा बनें, होता कब अभिषेक।
इसी तरह मानित सदा, श्रम, बल, बुद्धि, विवेक॥

निंदित जन से दूर रह, करे दुःखी दुःख दूर।
आस्था प्रभु की शक्ति पर, वही कहाते शूर॥